UNA PUERTA LLAMADA DIVORCIO

UNA PUERTA LLAMADA DIVORCIO

DAVID HORMACHEA

GRUPO NELSON
Una división de Thomas Nelson Publishers
Desde 1798

NASHVILLE DALLAS MÉXICO DF. RÍO DE JANEIRO BEIJING

Betania es un sello de *Editorial Caribe*,
una división de *Thomas Nelson, Inc.*

Publicado por Editorial Caribe
P.O. Box 141000
Nashville, TN 37214-1000, EE.UU

E-mail: caribe@editorialcaribe.com

ISBN: 0-88113-496-1
ISBN 978-0-88113-496-4

Impreso en EE.UU.
Printed in U.S.A.
10ª Impresión

www.caribebetania.com

Dedicatoria

Dedicado a los hombres y las mujeres que Dios me ha dado el privilegio de ayudar. A esos que buscaban una salida con fundamento bíblico de la esclavitud de un matrimonio pecaminoso y destructivo y que por la gracia de Dios han comenzado a disfrutar de una vida restaurada.

A todos los que buscan una salida fundamentada en la Biblia que les permita librarse de la relación conyugal pecaminosa y destructiva en que se encuentran atrapados y que buscan la gracia de Dios para comenzar una nueva vida restaurada.

A nuestro amante Padre celestial que con gracia inagotable y misericordia infinita está listo para restaurar a todos los que le buscan con corazón sincero.

Agradecimientos

A mi amigo el pastor Chuck Swindoll, quien me dio el privilegio de participar en su ministerio de enseñanza bíblica en el programa de radio «Visión para vivir». De él he aprendido a ministrar con gracia, además de que ha sido mi maestro en la exposición bíblica.

Al doctor James Dobson, del conocido ministerio «Enfoque a la Familia», por su inmensa ayuda e influencia en mi ministerio a la familia latinoamericana y por permitirme ministrar a través de su programa de radio.

A la doctora Esly Carvalho en reconocimiento a su determinación para lograr la restauración de su vida que le motivó a tener su ministerio a la mujer descasada y por su aporte tan valioso en el material de este libro.

A mi secretaria Yolanda de Narváez por su dedicación, largas jornadas de trabajo y su excelente apoyo y actitud.

Contenido

Introducción

Solución tierna para un problema duro

COMO PASTOR Y CONSEJERO, Dios me ha dado el privilegio de estar en contacto con los éxitos y la tragedias humanas. Me he alegrado con los que han llegado al éxtasis de la victoria y he sufrido con los que han experimentado la angustia de la derrota. Al mismo tiempo, mi corazón está lleno de gratitud por mi Salvador, quien soberanamente me predestinó, me eligió, me buscó, me convenció y me salvó eternamente.

Mi corazón está lleno de gratitud porque Dios me permitió nacer en un hogar cristiano, ser hijo de un pastor que, junto a mi madre, fueron la mejor versión de las Escrituras. No sabían griego ni hebreo ni tradujeron la Biblia, pero tradujeron el mensaje eterno de Dios a la vida al ser ejemplos de santidad de vida. Ser educado, enseñado, criado y amado en medio de la doctrina cristiana ha sido un privilegio producto de la gracia y la misericordia de Dios. Es solo por el amor de Dios que tengo una esposa que ama a Dios y que ha sido mi compañera en la labor ministerial. Mirar mis antecedentes familiares y no encontrar en él un divorcio de mis padres, ni tampoco la más mínima muestra de maltrato hacia ninguno de sus once hijos, me hace sentir uno de esos pocos privilegiados.

Cuando examino la vida de mis padres sin encontrarles ningún vicio, experiencia de adulterio, ni inmoralidad, al contrario, ser testigo de su integridad, me hace por momentos derramar lágrimas de alegría por el ambiente ideal en que Dios me permitió nacer y criarme. Por eso, la historia de mi vida me es un recordatorio permanente de la gracia, la bondad, el amor y la misericordia de Dios.

Es lamentable, pero he descubierto que algunos, con antecedentes parecidos al que Dios me permitió disfrutar, han asumido una actitud de intolerancia. Me duelen mis propias experiencias pasadas. No lo sabría si no le lo digo, pero también por un cierto tiempo viví como un intolerante. Gracias a Dios que en los últimos años, el entrar más en contacto con la realidad humana y estudiar profundamente la Palabra de Dios, me ha producido un corazón que lucha por modelar la misericordia, la gracia y la compasión y que se duele ante la tragedia ajena.

Mientras más entiendo la gracia de Dios y mientras más crezco en mi fe, más me siento movido a actuar con gracia con los seres humanos que experimentan el dolor. Sobre todo con quienes han tenido un pasado de sufrimiento o con quienes hoy viven tragedias que yo no he vivido y que lucharé por no vivir. Estoy absolutamente convencido que la familia es la institución que Dios creó como contraste a la soledad humana. Sin embargo, no me extraña que muchos tampoco sepan relacionarse.

Me duele la tragedia de la familia latinoamericana. A medida que me adentro en su realidad, se incrementan dos de mis más grandes preocupaciones. En primer lugar, me preocupan los que consciente o inconscientemente están destruyendo las familias. Van rumbo a la destrucción pues decidieron rechazar los principios divinos para la familia. No aprendieron a otorgar a los miembros de su familia el lugar que merecen. Me preocupan y debo ser sincero al decir que hasta me molestan los que quieren que guiemos a nuestras familias de acuerdo a conceptos humanos, aunque estos estén reñidos con los principios y los valores absolutos establecidos en la Palabra de Dios. Entre estos están quienes son tan liberales en sus enseñanzas que al igual que los antiguos fariseos permiten el divorcio por cualquier causa. En vez de ayudar, facilitan el camino a la destrucción familiar a quienes tienen conflictos normales de la vida conyugal. Sin embargo, no están dispuestos a enfrentarlos con sabiduría y sacrificio. Los que con facilidad ofrecen el divorcio son los mayores motivadores para quienes buscan una vía de escape rápida. Los que no quieren respetar el compromiso adquirido delante de Dios y de su cónyuge de amar y permanecer unidos hasta que la muerte los separe, lamentablemente se sienten apoyados por los que aceptan el divorcio aun en instancias en que la Biblia lo rechaza.

Segundo, me preocupan quienes son víctimas de esa destrucción. Esos que se van destruyendo en un ambiente de maltrato, aunque los mismos que lo hacen tienen la osadía de llamar familia a quienes tratan con violencia. Entre estos se encuentran los que se van destruyendo debido a lo enfermiza de su relación conyugal. En esta situación angustiosa y peligrosa se encuentran los que por mantener su mal llamada familia, corren serios peligros de destrucción debido al maltrato a que son objeto.

Entre las víctimas de la destrucción se encuentran los que sufren pues no pueden encontrar ayuda después del divorcio. Esos que con desesperación buscan a alguien que les demuestre la gracia y el perdón divinos. Para todos los que necesitan de orientación honesta y sincera. Para todos los que sufren debido a que están atrapados en la jaula de los falsos conceptos. Para los que no han conocido al Dios de la gracia. Para los que no saben dispensar gracia y también para los que quieren abusar de la gracia, he escrito con mucho cariño.

En el primer capítulo de este libro comentaré acerca de la necesidad de comprender mejor la gracia de Dios para poder establecer una posición bíblica adecuada y para adoptar una actitud de gracia frente a esta tragedia humana.

En el segundo capítulo quiero explicar lo que he descubierto en la Palabra de Dios acerca del plan de Dios para la familia. No es mi interés explicar cuál es mi plan para la familia ni lo que piensa la cultura en que vivimos o los grupos a que pertenecemos. Después de años de estudio de la Biblia y discipulado por grandes hombres de Dios he llegado a una conclusión clara de lo que considero es el plan de Dios para el matrimonio.

En tercer lugar daré algunas sugerencias para los que enfrentan situaciones muy complicadas en su relación matrimonial que hace necesario tomar decisiones sumamente drásticas. En el mejor de los casos, este enfrentamiento del problema producirá un cambio radical en la relación conyugal que les permitirá vivir con amor y sabiduría. En el peor de los casos pueden llevar a los cónyuges, orientados por un consejero o un pastor, a determinar que existe apoyo bíblico para el divorcio. Cuando este, humanamente es inevitable y se enfrenta con sabiduría pese a las terribles consecuencias que trae, brindará una oportunidad de restauración del cónyuge inocente.

En el cuarto capítulo estableceré mi posición sobre el divorcio y el nuevo matrimonio de acuerdo a mi investigación y con la ayuda de otros hombres de Dios amantes de la familia y la exposición bíblica. Usted puede estar seguro que la información que recibirá es el resultado de una interpretación bíblica seria y detallada. De ninguna manera quiero dar la imagen que mi conclusión es inspirada. El Señor me libre de ese error. No quiero dar por sentado que estoy en lo cierto ni que los que piensan diferente a mí están equivocados. Dios me libre de tal arrogancia. Lo que sí anhelo comunicarle es que esta investigación e interpretación me sacó del grupo de quienes creen lo que creen porque otro se los dijo. Estas conclusiones no se deben a la transferencia de una forma de pensar de una denominación ni de alguno de mis mentores, sino el resultado de mi investigación de la Biblia y de los estudios de otros respetados y serios investigadores de la Palabra de Dios que me han ayudado a confirmar y ampliar lo que creo.

En mi quinto capítulo me referiré a aquellas excepcionales situaciones en que el divorcio se convierte en un privilegio. Además, les brindaré algunas sugerencias para actuar como personas y comunidad que son instrumentos de restauración.

En el último capítulo incluiré recomendaciones para enfrentar el proceso de posdivorcio con sabiduría y bajo la dirección de la Palabra de Dios. En este capítulo incluiré el texto de un folleto escrito por una gran amiga. En mi concepto, dice las cosas mejor pues vivió y salió con sabiduría de este proceso doloroso que yo no he vivido.

David Hormachea

Capítulo 1

La gracia y la conducta humana

Sin gracia, las diferencias nos mueven a divorciarnos. Cuando actuamos con gracia, las diferencias nos instan a apoyarnos. La gracia es el lubricante que suaviza las fricciones de quienes aunque somos diferentes, hemos decidido amarnos.

LA GRACIA ES UNA DE LAS características esenciales de la conducta divina. No podemos hablar de Dios sin hablar de su gracia. Todos estaremos de acuerdo, creo, si declaro que la gracia es una de aquellas virtudes que los seres humanos no podemos tener sin que Dios sea parte de nuestra vida. Esta tercera declaración es tan verdadera como las demás: una de las razones de la existencia de tantos conflictos en las relaciones humanas es la ausencia de gracia.

¿Qué es la gracia? La gracia se define como un favor inmerecido. Es un favor que nunca podríamos haber alcanzado por nosotros mismos, que no podemos comprar y que no tenemos ninguna posibilidad de pagar una vez que se nos ha otorgado. El término hebreo es *chen* y significa doblarse o inclinarse. En la gracia, el superior se inclina a mostrar bondad a un inferior cuando no existe obligación por parte del superior.*

Si la gracia está presente, es imposible que los matrimonios se destruyan, que las iglesias se dividan y que exista abuso en las familias. No existiría divorcio, ni existiría persona en angustia que sea despreciada o se quede sin recibir ayuda si la gracia nos moviera.

Tal vez usted es uno de los que piensan que su matrimonio debe terminar y ha comprado un libro con esta temática para ver si encuentra consejos que le apoyen en su determinación o directrices para saber cómo realizarlo. Si ha pensado que esa es la forma de curar sus males, no ha entendido lo doloroso de la realidad del divorcio. La mayoría de los seres humanos somos más propensos a tener una actitud curativa en vez de preventiva. Nos preocupamos de nuestra salud cuando nos enfermamos y no antes. Muchos quieren cambiar cuando su cónyuge ya no acepta dar una nueva oportunidad fuera de todas las que ha dado. Y otros quieren entender más sobre el divorcio cuando ya lo han decidido, en vez de entenderlo y estudiarlo antes de decidirlo.

---

* Norman H. Snaith, «Grace», *A Theological Word Book of the Bible*, Alan Richardson, ed., MacMillan Co., New York, NY, 1962, p. 100.

Una gran cantidad de cristianos prefieren tomar decisiones sin tener en cuenta seriamente el consejo de Dios. Sin embargo, después los vemos pedir perdón por su pecado y buscar ayuda para soportar las terribles consecuencias. ¿No podría evitarlo obedeciendo a Dios, rechazando la desobediencia, aunque nos cueste entenderlo y su consejo esté en contra de la lógica humana?

Si después de dar muchos pasos, pero no el debido, cree que su matrimonio debe terminar, usted es el que más me preocupa. Pretendo que tome una buena decisión. Si no tiene en cuenta todos los factores y no cuenta con suficientes elementos de juicio como para tomar la decisión más saludable, espero que este libro cambie su decisión. Anhelo que se sienta motivado a luchar hasta las últimas consecuencias por su matrimonio y determine investigar seriamente lo que Dios piensa de su situación. Le ruego que haga un serio análisis de su caso, que busque la orientación profesional necesaria y realice una comparación de su comportamiento y actitudes con las enseñanzas de la Palabra de Dios.

Mi deseo es que usted y su cónyuge aprendan a ser personas con gracia. Mi anhelo es que cada lector, en su propia situación, aprenda a vivir con gracia. Gracia para vivir en su relación matrimonial y evitar un divorcio, si ese es su caso. Gracia para aceptar y ministrar a quienes, debido al sufrimiento que experimentan a causa del divorcio, necesitan de la gracia de Dios. La necesitan para salir del estilo de vida destructivo que ha elegido posteriormente a su divorcio y para encauzar sus relaciones interpersonales al estilo de Jesucristo.

VIDA CON GRACIA VERSUS VIDA SIN GRACIA

Quizás considere una tarea imposible enmendar su matrimonio. Sin embargo, lo que es imposible para los hombres es posible para Dios. He aconsejado a decenas de matrimonios que se han odiado hasta la muerte y que han perdido toda esperanza, pero que por la gracia de Dios, un saludable proceso de consejería y su determinación de aplicar los principios de amor y respeto, han logrado normalizar la relación conyugal. Si actúa con gracia, le garantizo que sanar su matrimonio será mucho más fácil y dejará menos consecuencias que romperlo, aunque en este momento y en el estado emocional en que se encuentra le parezca una tarea imposible.

Del ejemplo divino he aprendido que cuando relacionarse con otro ser humano es imposible, la gracia lo hace posible. Dios no puede relacionarse con el pecador si no fuera por su gracia. Cuando Él nos mira, lo único que ve es enemistad, desobediencia. Dios ha comprobado que tenemos pecado, que no queremos acercarnos a Él, que lo despreciamos y maltratamos. Sabe que a pesar de todo lo bueno que Él ha sido con nosotros, hemos hecho lo malo. Lo triste es que ni siquiera tenemos la capacidad ni el poder de cambiar esa actitud porque somos pecadores y porque no hay nada en nosotros que nos motive a buscar a Dios ni a amarlo.

Quizás esto mismo sea lo que le ocurre a usted. A lo mejor esa es la forma en que ve a su cónyuge. Ha comprobado la enemistad, el pecado y el maltrato. Ha sentido el rechazo y está absolutamente convencido que no hay posibilidad de cambio. ¿Sabe qué hace posible que Dios se acerque a nosotros los pecadores? Solamente su gracia. ¿Sabe qué puede hacer posible que usted permita que su cónyuge se acerque? ¿Sabe qué puede permitirle que se decida a conceder otra oportunidad? Solamente la gracia.

Sin duda, tiene razón en muchas cosas. Su cónyuge lo ha herido, se siente traicionado o maltratado. Tal vez le han pasado por alto. Incluso, haciendo el bien ha recibido a cambio daños y desprecio. Esa es precisamente la forma en que el hombre ha tratado a Jesucristo. Sin embargo, Él por su gracia está listo a perdonarnos. Esto no significa que se deleite en nuestro comportamiento. Ni que condone nuestra maldad. Al contrario, con amor y autoridad nos aplica su disciplina, pero lo hace con gracia. ¿Qué sería de nosotros si no viviéramos bajo la gracia de Dios?

Frutos de la vida sin gracia

El problema que enfrentamos es la tendencia que tenemos a ser solo receptores de la gracia de Dios. Sin embargo, tenemos serios problemas para dispensarla. Nos cuesta ser instrumentos de gracia. El orgullo y el egoísmo batallan dentro de nosotros y nos impiden el flujo de la gracia. Si no vivimos con gracia, no podemos darle el golpe mortal al orgullo que es el principal instigador de la tendencia a compararnos y a controlar a los demás.

La mayoría de nosotros preferimos la rutina, lo previsible y los intereses comunes. No nos agradan mucho los que piensan diferente ni los que tienen diferentes gustos. Cuando alguien hace cosas o actúa distinto a nosotros, tendemos a establecer comparaciones.

En la vida cristiana, la ausencia de gracia lleva al legalismo. De ahí que quien no tenga gracia querrá obligar a que la otra persona piense y actúe igual. Entonces, nuestra aceptación a otras personas dependerá de si tienen convicciones similares a las nuestras. Al legalismo le encanta la uniformidad, a la gracia le encanta la variedad.

En la vida conyugal la ausencia de gracia lleva a la tiranía o la rebelión. La tendencia a ponernos como modelo generalmente nos lleva a la crítica de las personas o a la competencia desleal con ellas.

La segunda consecuencia de la ausencia de gracia es la tendencia a controlar a los demás. Esto nos incita a manipular e intimidar a quienes se supone que debemos guiar, proteger y amar. Como resultado, las personas son inflexibles, impositivas, exigentes, pasan por alto los sentimientos y no satisfacen necesidades. Quieren hacer las cosas a su manera y quien se oponga sufrirá las consecuencias.

Las comparaciones para despreciar la variedad o las diferencias o las actitudes controladoras anulan la gracia. Si ambos cónyuges deciden vivir con gracia, sin importar la condición en que su relación conyugal se encuentre, arreglarla será más fácil y dejará menos consecuencias que destruirla. Si uno o ambos cónyuges miran su situación sin los lentes del arrepentimiento, del perdón y de la gracia, les parecerá que es una tarea imposible de lograr.

Creo que este es el momento preciso para hacer una pausa y hacer algunas preguntas que le motivarán a hacer un serio examen de la situación que vive.

Si está sufriendo en su relación conyugal y no encuentra salida, ¿está dispuesto a comenzar a vivir con gracia? Si su cónyuge le está pidiendo una nueva oportunidad, ¿está listo a recibir asesoramiento profesional bíblico para aprender a dar una nueva oportunidad y aceptar el arrepentimiento? Si es cristiano o incluso un ministro del evangelio de la gracia, pero ha tenido una actitud legalista e inmisericorde con los que viven la tragedia del divorcio, ¿está listo a ser un ministro de la gracia de Dios? ¿Está dispuesto a actuar con gracia y ayudar con amor en el proceso de quienes anhelan restauración?

Tal vez ya ha vivido gran parte del proceso de divorcio y su cónyuge lo ha abandonado. A lo mejor se encuentra en este momento sumido en la culpabilidad, la amargura o se niega a perdonar. Si ya terminó su matrimonio, ¿está listo a recibir liberación por la gracia de Dios? ¿Está preparado a aceptar la gracia de Dios y su perdón, a vivir con gracia, autoperdonarse y a perdonar?

Frutos de la vida con gracia

Si aprendemos a vivir y a manifestar la gracia de Dios, nuestras vidas nunca serán las mismas. No importa lo difícil de la situación matrimonial que la persona viva, si estamos dispuestos a vivir con gracia, todo puede cambiar. Nunca llegará el divorcio cuando dos cónyuges deciden abandonar su orgullo y egoísmo y tratarse con gracia y respeto mutuo.

Sin duda, cuando se llega a pensar en la posibilidad de un divorcio, existen suficientes razones como para buscar esta salida. A lo mejor está tratando de evitar la destrucción de su propia vida o la de su cónyuge. Tal vez por su mente estén pasando todas las razones que tiene para no seguir ni un día más en esa relación interpersonal. Ha comprobado que es una relación destructiva y lo único que siente es desprecio e incluso aversión hacia su cónyuge. Estando en ese estado lo único que ve acercarse es la destrucción mutua. ¿Cómo no pensarlo si se dan todos los elementos que facilitan la enemistad?

Recuerdo que en una de mis visitas a un circo quedé inmensamente impresionado con la actitud misericordiosa que demostraba un león cada vez que su domador se atrevía a meter la cabeza dentro de la boca de este impresionante animal. Eso es gracia. Cuando existen todos los motivos y se dan las condiciones ideales para actuar conforme a lo que sentimos, solo la gracia nos permite evitarlo. Cuando debemos perdonar más de lo que creemos tener capacidad, necesitamos gracia. Cuando creemos que debemos hacer lo que una persona no merece, a pesar de que nunca podrá pagarnos, necesitamos gracia.

Sin embargo, debido a que en un matrimonio se relacionan dos personas, no solo debemos reaccionar con gracia cuando la acción de la otra persona es tan mala que nos motiva a la venganza. También cada cónyuge tiene la responsabilidad de actuar con gracia. No solo esperar que respondan con gracia a nuestro mal comportamiento, sino que también debemos actuar con gracia para evitar que la persona se sienta motivada a reaccionar indebidamente.

Cuando vivimos con gracia nuestras actitudes son diferentes. Solo así podemos comenzar a disfrutar una actitud positiva en vez de las actitudes negativas. Cuando vivimos con gracia dejamos de estar sumidos en la sospecha y la intolerancia. Aprendemos a vivir con confianza. Así nuestras relaciones interpersonales son saludables. La gracia elimina el virus del egoísmo y la enfermedad mortal llamada orgullo. Le aseguro que si se decide a vivir con gracia, toda su vida será diferente, incluyendo su relación matrimonial.

A medida que pasan los años y maduro en la vida cristiana, comprendo con más profundidad la gracia de Dios. A medida que me adentro en ella y la disfruto, más me doy cuenta de la inmensa necesidad que tenemos de la gracia. No solo para tener una relación adecuada con Dios, sino para que como consecuencia tengamos la opción de tener una debida relación con los seres humanos.

Es lamentable, pero a menudo rechazamos vivir con gracia porque es un golpe fatal al machismo y al feminismo. La gracia es un golpe destructor al orgullo y el egocentrismo. Nos obliga a poner los ojos, el corazón y los pensamientos en otros en vez de en nosotros. La gracia destruye el negativismo, aniquila la culpabilidad, barre con el desprecio y el abuso. La gracia abre las puertas del positivismo, del arrepentimiento, de la aceptación, el cariño y el aprecio que son indispensables para tener éxito en la relación matrimonial. Decidir vivir con gracia, determinar conservar el matrimonio aprendiendo ambos a vivir con gracia es el único antídoto de la resolución de separarse.

Por supuesto que esta no es una tarea fácil. Sin embargo, es imposible dispensar gracia si no hemos recibido la gracia de Dios. Necesitamos experimentar la gracia de Dios. Necesitamos acercarnos a Él, buscarle en oración, amarle de corazón, buscar en la Biblia su instrucción. Aprender a vivir con gracia es aprender a vivir como Dios nos manda.

LO QUE DIOS NOS PIDE

En uno de los tratados doctrinales más completos, llamado la Epístola a los Romanos, se encuentran una serie de mandamientos que cuando se obedecen en la vida matrimonial, nos transformarían en los cónyuges más comprensivos de este mundo. ¿Cree que buscarían el divorcio si ambos vivieran bajo los siguiente principios?:

> No finjas amar; ama de veras. Aborrece lo malo. Ponte de parte del bien. Ámense con cariño y deléitense en el respeto mutuo ... Nunca pagues mal con mal. Actúa siempre honrada y limpiamente. No riñas con nadie. Procura en lo que te sea posible estar en paz con todo el mundo (Romanos 12.9-10,17-18).

La gracia nos motiva a la aceptación. Nos permite aceptar las personas tal como son. Necesitamos la gracia de permitir que otros sean lo que Dios quiere que sean y no lo que nosotros queremos que sean. Necesitamos gracia para hacer lo que Dios quiere que hagamos y no lo que nosotros queremos hacer.

Los cónyuges viven en la gracia y actúan con gracia y aceptación cuando su cónyuge es importante y valioso. Cuando no imponen sus ideas y cuando permitimos que nuestro cónyuge se exprese con libertad y nos diga con franqueza sus sentimientos. A usted lo aceptan cuando puede decir lo que siente sin que lo ataquen.

Dos cónyuges dispuestos a obedecer a Dios por sobre sus sentimientos, un consejero dispuesto a seguir los principios de la Palabra de Dios para ayudar a quienes buscan restauración y un Dios capaz de hacer un milagro por sobre los conflictos, es la fórmula que se necesita para la restauración de un matrimonio a su plan original. Dios está dispuesto y los consejeros están al alcance. Mi pregunta es: ¿Tienen la firme determinación de hacer todos los esfuerzos que sean necesarios para sanar su relación conyugal y conservar su matrimonio?

Capítulo 2

Plan perfecto para matrimonios imperfectos

El plan de Dios para el matrimonio de ninguna manera ha fracasado. Somos nosotros los que por olvidar sus mandamientos hemos fallado. La buena noticia es que aunque somos imperfectos, podemos tener una adecuada relación matrimonial si es que obedecemos la enseñanza escritural.

DE NINGUNA MANERA EN ESTE capítulo pretendo hacer un estudio exhaustivo sobre el plan de Dios para la familia. Mi deseo es dar enseñanzas generales acerca de algunas de las metas para el matrimonio establecidas en la Palabra de Dios.

Si partimos de la verdad que Dios es perfecto, que nunca se equivoca y que nunca hará nada malo, tenemos que concluir que el modelo divino para el matrimonio es el ideal que debe perseguir toda pareja. Lamentablemente no es lo que nos gusta. Nos agradan las cosas fáciles y nos encanta hacer las cosas a nuestra manera. Nuestros caminos son distintos a los caminos divinos.

La triste situación de la familia latinoamericana no es producto de la falla de los principios divinos para la familia, sino del rechazo o de negarnos a aplicarlos. Cada día aumentan más las familias en situaciones no ideales. Tenemos cada vez más madres y padres solteros. Miles de niños están comenzando a vivir en un hogar en que falta el padre o la madre y no precisamente producto de la muerte de su ser querido, sino porque los padres así lo decidieron.

En un hogar existe una crisis cuando los hijos no tienen padres o cuando las esposas no tienen esposos y viceversa. Este sistema rompe el propósito original para la familia. También experimenta crisis el hogar cuando los padres, los cónyuges o los hijos no viven sometidos a los principios bíblicos. Tal estilo de vida rompe el propósito de Dios para la familia. Por lo tanto, el problema es la falla del hombre y no los principios divinos. Dios no elige el mal de los seres humanos dándoles principios mal intencionados, determinados a fallar o imposibles de ejecutar. Todo lo contrario, Dios opta por el bienestar de los hombres, les otorga principios que tienen como meta el éxito de la relación familiar. Sin embargo, este se logrará siempre y cuando sus integrantes acepten los valores divinos y los pongan en práctica. Los principios divinos para la familia no tienen el propósito de destruir sino construir. No se establecieron para impedir la plena satisfacción de los individuos, sino que estos la alcancen dentro de la estructura que Dios ha establecido.

La familia pertenece a Dios. Él la creó. Él ha determinado su estructura interna. Él le ha designado su propósito y su meta. Por permiso divino, un hombre y una mujer pueden cooperar con Él. Pero el hogar que ellos establezcan es todavía de Él.[1]

Nuestros problemas se inician cuando no estamos dispuestos a cooperar con el propósito divino, cuando intentamos edificar el hogar con nuestros fundamentos, con nuestras columnas, con nuestros materiales. El resultado es que debido a lo temporal e inadecuados de los materiales que usamos, a pesar de todo el buen esfuerzo que empleemos, esa casa tarde o temprano se destruirá. El salmista dice que si el Señor «no edifica la casa, en vano trabajan los que la edifican» (Salmo 127.1).

Si a Dios pertenece la familia, si Él ha dejado claros, concretos y específicos principios para que sus integrantes los apliquen, obviamente de su aplicación depende el éxito. Si Dios ha dejado al hombre la decisión de aceptarlos o rechazarlos y su relación matrimonial ha llegado al punto de destrucción, la más lógica conclusión es que fracasamos por una de dos razones: o se debe al desconocimiento de los principios divinos para la familia, o se debe a la desobediencia o el rechazo de dichos principios. Usted y Dios saben cuál es su situación en este momento.

Si Dios no ha cambiado su propósito, si «Jesucristo es el mismo, ayer, hoy y por todos los siglos», tenemos que concluir que su ideal para la familia sigue vigente. Si nos preguntamos qué piensa Dios acerca del matrimonio, hay suficiente material como para escribir varios libros. Sin embargo, analizaremos solamente algunos aspectos que son importantes para mi temática posterior.

---

1 Larry Christenson, *La familia cristiana*, Editorial Betania, 1970, p. 12-13.

El plan de Dios

Dios creó el matrimonio para que un solo hombre con una sola mujer tengan una relación permanente y fiel. Ese exclusivamente es el plan divino. Cualquier otro modelo es un rechazo al plan original de Dios. Este no fue la poligamia que practicaron hombres de Dios que fueron desobedientes y cuyas historias se relatan en el Antiguo Testamento. Tampoco estaba dentro del designio divino que los cónyuges tengan una relación amorosa con otra persona a escondidas de su cónyuge. Mucho menos existe lugar para la corriente pecaminosa que proclama que el homosexualismo y el lesbianismo son estilos de vida que deben aceptarse.

> Dios creó al hombre a su imagen, a imagen de Dios lo creó, varón y hembra los creó (Génesis 1.27).

Dios creó a los dos sexos con cualidades distintas. Aunque por momentos no nos agrada, fue Dios el que nos hizo diferentes. El secreto es aprender a vivir con nuestras diferencias. El secreto de la vida conyugal es que ese hombre y esa mujer hagan un compromiso que rechace cualquier otra relación interpersonal o cualquier desviación sexual.

Aprender a vivir con las diferencias significa que los cónyuges buscarán el bien de la persona amada por sobre su propio bien y aceptarán con sabiduría el producto de la creación divina. Es lamentable, pero lo más natural es precisamente lo contrario. Tenemos tendencia a hacer lo que queremos por sobre lo que Dios quiere y buscar nuestro bien por sobre el bien de los demás. Sin embargo, debemos poner las cosas en equilibrio. Esto no significa que debemos obviar nuestros deseos y propósitos. En realidad, «desear nuestro propio bien no es pecaminoso en sí mismo, sino algo natural e instintivo. Dios nos ha dado todo, aun nuestra misma existencia. Él quiere que tengamos cuidado de lo que nos ha dado. El acto de ponernos a nosotros mismos como el centro del universo que le pertenece a Dios, es en realidad el pecado».[2]

A usted no le sorprenderá si digo que esta tendencia también se manifiesta en la relación conyugal. Deseamos que las cosas se hagan como pensamos, cuando creemos y como deseamos. Tristemente esto nos lleva a tener una comunicación inapropiada y a no poder controlar nuestro temperamento. Esta tendencia al egoísmo nos lleva a sentir incompatibilidad, rechazo y a actuar con autoritarismo. Es decir, cuando actuamos en forma egoísta y pasamos por alto los principios divinos y las necesidades de nuestro prójimo, permitimos la llegada de los más grandes enemigos de la relación matrimonial saludable. Dios nos hizo diferentes y, si motivados por nuestro egoísmo tratamos de cambiar a nuestro cónyuge a nuestra imagen, no solo nos involucramos en una tarea imposible, sino que experimentaremos hostilidad y decepción, que son grandes enemigos del matrimonio al estilo divino.

EL PROPÓSITO DE DIOS PARA EL MATRIMONIO

El matrimonio cumple el propósito de Dios cuando los cónyuges por medio de palabras, actitudes y comportamiento glorifican a Dios. Cuando suplen, mutuamente y en amor, su necesidad de compañerismo y ayuda recíproca.

La familia pertenece a Dios porque Él es su creador. Estableció su propósito y determinó su estructura interna. El matrimonio cristiano no debe definirse como nuestro, sino como el matrimonio de Dios. Si en verdad se toma en cuenta a Dios en la vida familiar, si permitimos que Jesucristo sea el Señor de nuestros hogares, permitiremos que Él influya en todas nuestras decisiones. O sea, que influya desde lo más simple, hasta lo más complejo: cómo adornar nuestra casa, planificar el tiempo, relacionarnos como familia, educar a

2 Dr. Larry Crabb, *Men and Women: Enjoying the Difference*, Zondervan Publishing House, Grand Rapids, MI, 1991, p. 27.

nuestros hijos y convivir con nuestro cónyuge. Cuando Dios tiene la preeminencia en nuestros hogares y vivimos en este mundo de acuerdo a sus principios, Él recibe la gloria y nosotros los beneficios de tener un hogar de éxito.

Muchos cometen el error de malinterpretar el propósito de Dios al crear a la familia. A veces, por ejemplo, pasan por alto el lugar que la mujer debe ocupar en el hogar. San Agustín lo explicó con mucha sabiduría al afirmar que Dios no creó a la mujer de la cabeza del hombre para que la subyugue, ni de sus pies para que la pisotee, sino que la tomó del costado para que caminaran juntos por la vida. La formó para que fuera su esposa.

> Y dijo Jehová Dios: No es bueno que el hombre esté solo; le haré ayuda idónea para él ... Y de la costilla que Jehová Dios tomó del hombre, hizo una mujer, y la trajo al hombre» (Génesis 2.18,22).

Dios declara que no es bueno que el hombre esté solo. Esto no significa que de pronto se da cuenta de que al hombre le faltaba algo. Todo lo contrario, vio que Él había creado al hombre con esa necesidad y que debía suplirla mediante la creación de la mujer. Dios declara que para que la vida del hombre sea completa necesita tener a su lado a alguien que supla lo que a él le falta y para que este a su vez supla lo que a ella le falta.

Es lamentable, pero las parejas que en la práctica no están determinadas a ayudarse mutuamente en todas las tareas que sean necesarias, están preparando el terreno para el fracaso. Los matrimonios que no son compañeros, que no tienen armonía y buena correspondencia entre ellos, que no se acompañan en la vida para lograr un fin común, no están supliendo esa necesidad de compañerismo y ayuda. Han abandonado el modelo divino.

La idea de que la mujer fue hecha para el hombre y el hombre para la mujer trasciende el campo sexual. Esto se ilustra muy bien con las palabras de Pablo sobre este tema. El apóstol le recuerda a sus lectores que nuestros cuerpos pertenecen a nuestros cónyuges y que la sumisión mutua, el compañerismo y la ayuda recíproca redunda en la plena satisfacción en el matrimonio.

ESTRUCTURA INTERNA DEL MATRIMONIO

Las palabras que aparecen en Génesis 2.24,25 nos ofrecen principios muy importantes que se constituyen en los pilares que forman la estructura interna del matrimonio. En estos versículos se encuentran claramente establecidas cuatro declaraciones que son la carta magna del matrimonio.

Dios enunció su plan para la vida conyugal dejando estipulados muy claramente cuáles son los elementos indispensables para el éxito de la relación matrimonial. En Génesis 2.24 dijo: «Por tanto, dejará el hombre a su padre y a su madre, y se unirá a su mujer, y serán una sola carne». Esto tiene tanta importancia, que «se repite cuatro veces en la Biblia y lo cita el propio Jesucristo cuando analiza los asuntos del matrimonio y el divorcio».[3]

Sin duda este es un versículo fundamental y no solo está dirigido a dar instrucciones a Adán y Eva. Ellos ni siquiera tenían padres terrenales a quienes dejar por lo que es apropiado determinar que estos mandamientos están dirigidos a todos los matrimonios por todas las generaciones.

Cuatro principios se desprenden de estos versículos y estos son los pilares que sustentan el hogar cuyo fundamento, para que el matrimonio cumpla el propósito divino, debe ser Dios. Estos cuatro pilares que componen la estructura interna del matrimonio cristiano son: La *SEPARACIÓN* de toda relación que impida que los cónyuges se relacionen saludablemente. El compromiso de *PERMANENCIA* a pesar de las dificultades y diferencias y hasta que la muerte los separe. La *UNIDAD* en las decisiones, actividades y metas de los integrantes de la

---

3 Edward G. Dobson, *What The Bible Really Says About Marriage, Divorce and Remarriage*, Fleming H. Revell Co., Old Tappan, NJ, 1986, p. 19.

familia y la *INTIMIDAD* espiritual, emocional y física entre ambos cónyuges.

Dios dice a los matrimonios: «Por tanto, dejará el hombre a su padre y a su madre». Este es el principio de separación. Luego agrega: «Y se unirá a su mujer». Debido a que la palabra que en hebreo significa «unirá» se refiere a una unión permanente, se ha llamado a este el principio de permanencia. El final del versículo 24 nos entrega el principio de unidad en la declaración: «Y serán una sola carne». El último principio aparece en el versículo 25 que dice: «Y estaban ambos desnudos, Adán y su mujer, y no se avergonzaban». Se ha llamado a este principio, el principio de Intimidad.[4]

Separación: decisión ineludible

Toda persona casada enfrenta la ineludible decisión de separarse con sabiduría de los vínculos familiares que le han unido por tantos años. Para la mayoría, dejar a los padres no es una tarea fácil, pero es obligatoria porque sin una separación adecuada no existirá la unidad necesaria. El propósito de Dios para el matrimonio es que ambos realicen la separación apropiada del vínculo más cercano que existe en las relaciones humanas antes del matrimonio, es decir, el existente entre los hijos y los padres. Si Dios demanda que los hijos al entrar al matrimonio realicen la separación necesaria de tan importante nexo con los padres, es lógico que también demande que todas las demás relaciones interpersonales se ubiquen en el lugar correspondiente.

Después de la relación del hombre con Dios, no existe relación más importante en este mundo que la relación con el cónyuge. El matrimonio que falla al no cumplir este mandato divino sufrirá conflictos. Se avizoran problemas no solamente entre los esposos, sino también con los padres de ambos por no haber podido romper el nexo en el que han encontrado seguridad por tantos años.

---

4 Véase, Charles R. Swindoll, *Dile que sí al amor*, Editorial Betania, Miami, FL, 1985, pp. 28-37.

Los vínculos de los cónyuges con cualquier otro individuo que no sea el cónyuge pueden ser muy dañinos. Debe existir el más absoluto respeto y amor por los padres y los cónyuges deben estar listos a socorrer a sus respectivos padres cuando sea necesario. Los padres deben seguir amando y respetando a sus hijos aunque estos estén casados, pero nunca se debe permitir la intromisión en los asuntos, decisiones, las metas y los planes del nuevo matrimonio.

Los cónyuges pueden consultar a sus padres si tiene el consentimiento del otro cónyuge. Si reciben opiniones, sugerencias u órdenes de los padres, deben comunicárselas a su cónyuge y la decisión final debe realizarla la pareja de común acuerdo. La separación de los padres debe ser física y emocional. Es ideal que el que se casa se vaya a su casa. No importa el tamaño de esta, no importa la condición económica, pero ese tiempo de estar solos, juntos, enfrentando la vida como pareja, es indispensable para la unidad del matrimonio.

Debemos amar escuchando las opiniones de los padres, pero nos debemos separar de ellos no permitiendo que esas opiniones sean más importantes que las del cónyuge. Se debe amar preocupándonos de las necesidades de nuestros padres, pero nos debemos separar poniendo límites. Ambos cónyuges deben decidir todo tipo de ayuda que deben brindarle. Quienes no cumplen este mandato divino de separarse sabiamente de sus padres, están preparando su relación matrimonial para conflictos muy serios y rompiendo una columna que pondrá en peligro la seguridad del hogar.

Permanencia: compromiso indispensable

Desde antes del matrimonio los novios deben tomar la decisión de contraer un compromiso permanente. Es indispensable que exista este compromiso serio y firme, pues sin este el vínculo será demasiado débil y no soportará los conflictos que acompañan a la relación conyugal.

El principio de permanencia obliga al matrimonio a tener un compromiso para toda la vida. Todo matrimonio debe iniciarse con ese plan en mente. La meta no debe ser el cansancio, ni el matrimonio debe terminarse por la aparición de una mujer más bonita, ni por la llegada de un hombre más simpático. No deben llegar al matrimonio pensando que la relación se terminará cuando se cansen de sus diferencias. El plan de Dios es un hombre y una mujer unidos en el vínculo matrimonial para toda la vida.

En Mateo 19.4-6, Jesucristo citó Génesis 2.24 y agregó a la frase original una nueva declaración cuando dijo: «Por esto el hombre dejará padre y madre, y se unirá a su mujer, y los dos serán una sola carne». Luego estableció con absoluta claridad el propósito divino para el matrimonio diciendo: «Así que no son ya más dos, sino una sola carne; por tanto, lo que Dios juntó, no lo separe el hombre».

Aunque Moisés concedió el derecho de realizar divorcios, ese no fue el plan original del Padre. Existen otros pasajes escriturales que confirman que la permanencia es el ideal divino para la relación matrimonial (Romanos 7.1,2; 1 Corintios 7.39.)

El matrimonio es más que separarse de los padres; es unirse voluntariamente en un compromiso de permanencia delante de Dios y del cónyuge con la intención de permanecer juntos pese a que son diferentes y tendrán dificultades. Los esposos deben realizar un compromiso a permanecer en la relación matrimonial hasta que la muerte los separe. Los que no están dispuestos y que buscan separarse por las diferencias, o porque son incompatibles, optan por el camino fácil de tratar de eludir la responsabilidad y van en contra del plan de Dios para su matrimonio. El matrimonio cristiano debe caracterizarse por un compromiso de permanencia porque ante los ojos de Dios y de nuestros cónyuges hemos realizado un serio pacto.

En Proverbios 2.17 se nos presenta a una mujer que ha decidido vivir en la maldad. Una mujer que optó pasar por alto el plan de Dios y quiere enredarse en relaciones pecaminosas. De esta manera, «abandona al compañero de su juventud, y se olvida del pacto de su Dios». Pero esa no es la relación matrimonial que la Biblia aprueba.

En Malaquías se describe a la esposa como «la mujer de tu juventud», o como «tu compañera» o como «la mujer de tu pacto». El matrimonio es un pacto que requiere un compromiso. Por lo tanto, cuando la relación matrimonial no da resultados, nuestro llamado no es para abandonar esa relación. No se nos exige soltar los vínculos. Por el contrario, se nos exhorta a revisar nuestro compromiso. Es en los momentos en que por los embates de la vida se quieren soltar las amarras cuando más necesitamos afirmar nuestro compromiso y profundizar nuestro pacto. Si usted en este momento enfrenta conflictos matrimoniales, no huya de su pacto. Solo afirme más que nunca su compromiso, y si no sabe cómo hacerlo, busque ayuda.

Unidad: acción insustituible

La unidad es el tercer principio fundamental para el matrimonio. La unidad es una acción que debemos buscar y no una consecuencia que vamos a disfrutar. No debo esperar unidad si no realizo acciones que nos muevan a la unidad como pareja. La unidad no se puede sustituir con algún otro ingrediente. Sin unidad no existe matrimonio. Sin unidad existen dos personas juntas, pero no es un matrimonio al estilo divino.

Casarse y continuar viviendo como solteros es uno de los errores más graves de quienes llegan al matrimonio. Los egoístas y egocéntricos harían un gran favor a quienes buscan para casarse si evitan el matrimonio hasta que estén listos para ello. Deben dejar de vivir pensando solo en ellos mismos y deben estar dispuestos a comenzar a vivir para servir, amar y buscar la plenitud de la otra persona. El egoísmo y el orgullo son tan destructivos para cualquier relación interpersonal, incluyendo el matrimonio, que la Palabra de Dios nos exhorta a lo siguiente:

> Nada hagáis por contienda o por vanagloria; antes bien con humildad, estimando cada uno a los demás como superiores a él mismo (Filipenses 2.3-4.)

No existe matrimonio al estilo divino sin unidad. Es cierto que la declaración divina que dice «y serán una sola carne» se refiere en primer lugar a la unión sexual, pero de ninguna manera debemos suponer que esté limitada a eso. Dios no pretende que para ser una sola carne aprendamos a tener relaciones sexuales satisfactorias, porque estas no son un fin en sí mismas sino el producto de una buena intimidad espiritual y emocional. Los esposos, mediante la relación conyugal, deben luchar por convertirse en una pareja que camina en la misma dirección. Esto quiere decir que ambos aprenden a hacer todo lo que contribuya al bienestar mutuo y rechazar todo lo que ponga en peligro la unidad del matrimonio, sin importarles cuán bueno, adecuado y necesario sea para los individuos.

La pareja aprende a vivir en unidad cuando ambos están listos a renunciar a todo lo que, aunque sea bueno para el individuo, es malo para el matrimonio. La unidad no solo habla de vivir juntos bajo el mismo techo ni de tener relaciones sexuales. La unidad no solo es dormir en la misma cama, ni disfrutar la mismas comidas, ni pagar juntos las cuentas. Es mucho más que eso. La unidad es determinar que ambos seguirán las metas que Dios ha establecido para el matrimonio. Ambos son diferentes, cumplen diferentes roles, aportan en diversos campos a la vida conyugal. Sin embargo, ambos van rumbo a la misma meta. Meta que no es el resultado del plan del esposo, ni de los propósitos de la esposa. Meta que es el plan divino para el esposo y la esposa.

La unidad incluye planificación de los asuntos espirituales, físicos, emocionales, familiares e intelectuales. Este es un plan conjunto que toma en cuenta la opinión de ambos y se decide lo que es mejor para la familia y lo que más se ajusta al propósito de Dios. La unidad no significa que ambos siempre estarán de acuerdo. Es decir, la unidad no es sinónimo de unanimidad. La unidad tampoco significa que ambos harán las cosas ni actuarán de la misma manera, o sea, no es lo mismo que uniformidad.

Intimidad: tarea inevitable

El último principio se refiere a la intimidad. Sin esta somos dos trabajadores en una misma labor, pero no dos seres humanos íntimos. Sin intimidad los cónyuges se vuelven extraños y son insensibles al dolor o la alegría de quien dicen amar.

Si queremos tener un matrimonio de acuerdo al modelo original, la intimidad es una tarea que debemos realizar cada día. Para lograrlo, hay palabras que se deben usar, acciones que se deben realizar, sentimientos que se deben expresar. Por medio de la intimidad nos mostramos tal como somos y aceptamos a la otra persona tal como es. Estas actitudes, palabras y acciones que nos acercan son inevitables si en verdad anhelamos tener intimidad.

La relación del huerto del Edén fue íntima. Adán y Eva estaban desnudos y no se avergonzaban. Tenían una relación sincera, honesta y transparente. No tenían nada de que avergonzarse, ni nada que esconder. No tenían vergüenza ni temores. No había razón para culparse, ni pecados que le impedían relacionarse limpiamente. Podían mirarse a los ojos con libertad y tenían la certeza que ninguna otra relación amenazaba su intimidad.

A pesar de que esta relación se afectó con la entrada del pecado, todavía es posible tener una relación íntima que agrade a Dios y que sea de bendición para la pareja. Él nos ha dado los medios para lograrlo. Por supuesto, debido al pecado la intimidad no es algo que no fluye con naturalidad de nosotros. Tendemos a escondernos y a ocultar nuestros sentimientos. Nuestra gran lucha es mantener los principios de amor y respeto mutuo en la intimidad. Esta se ve amenazada porque nuestra naturaleza pecaminosa siempre nos incita a creer que los pastos que se ven a la distancia son más verdes que los nuestros. El jardín del vecino siempre parece mejor que el nuestro, pero no siempre es verdad.

Al referirme a la intimidad es posible que su mente se haya centrado en la física. No hablo solamente de eso. La mayoría de las parejas en conflictos centran sus problemas en las relaciones sexuales y la verdad que uno descubre es que generalmente no es la causa, sino un síntoma de un problema mayor. No existe una adecuada intimidad física si no existe una adecuada intimidad espiritual y emocional. Un matrimonio que ama a Dios, que busca con ahínco y determinación disfrutar una adecuada vida espiritual, que se esfuerza al máximo para entender las emociones de su cónyuge y apoyarle emocional y espiritualmente en sus momentos de necesidad, es una pareja que tiene los ingredientes necesarios para disfrutar de una buena intimidad física.

Si en su matrimonio han roto la columna de la separación porque no han ubicado sabiamente a los padres y a cualquier otra relación interpersonal que no sea la de su cónyuge, están preparando el terreno para el divorcio. Si creen que por ser diferentes e incompatibles deben separarse y buscar a otra persona más afín, están demostrado que no tienen un serio compromiso con sus cónyuges. No han entendido el pacto que hicieron delante de Dios y no solo desobedecen el principio divino de la permanencia, sino que se encaminan con pasos agigantados hacia el divorcio.

Si actúan como si fueran solteros a pesar de que están casados, están rompiendo la columna de la unidad. Si es que cada uno toma las decisiones sin tomar en cuenta los sentimientos y las opiniones de su cónyuge, si es que no determinan que la meta común para su matrimonio serán los principios eternos e inmutables de la Palabra de Dios, viven juntos pero no unidos y están rompiendo la columna de la unidad. Esa rebelión a los mandamientos divinos no solo les depara una vida de frustración, sino que les ha metido en el sendero cuyo fin es el divorcio.

Si en su relación conyugal tener o no tener intimidad es sinónimo de tener o no tener relaciones sexuales, no solo juegan con la relación más íntima que puede existir entre un hombre y una mujer, sino que están rompiendo la columna de la intimidad. Estas actitudes provocan traumas y frustraciones sobre todo en las mujeres que se sienten que las están usando y manipulando. Quienes obvian las necesidades integrales del cónyuge, olvidan que son seres humanos que no solo tienen cuerpo, sino también alma y espíritu. Olvidan que para tener una relación íntima adecuada se necesita una relación íntima integral. Lamentablemente no comprenden los valores importantes que esta relación encierra y se labran el camino hacia el divorcio.

LA FAMILIA CRISTIANA

Después del análisis anterior, estoy listo para motivarles a pensar seriamente en lo que es la familia cristiana. Dios creó esta institución llamada familia para que un hombre y una mujer glorifiquen su nombre y logren la satisfacción mutua como pareja así como de sus hijos mientras viven sometidos a los principios divinos. Es en la familia donde se acompañan y se ayudan entre sí en una relación fiel y llena de gracia. Se separan de todos y de cualquier cosa que les estorbe su permanencia, unidad e intimidad.

La antítesis de este concepto la viven parejas que están considerando la posibilidad del divorcio. ¿Por qué pensar en la separación cuando la unión ha sido voluntaria y por amor? El problema radica en que son muchas las personas que viven bajo el modelo del mundo y no bajo el modelo de Dios. Se desvían de lo que Él estableció. El plan de Dios es perfecto a pesar de que lo llevan a cabo personas imperfectas. Por tanto, debemos recabar su ayuda para cumplir el propósito que Él estableció.

La familia bajo el modelo de Dios

En primer lugar, toda pareja compuesta por personas normales (sin graves problemas sicológicos) que han entregado su vida a Dios y que están involucrados con una iglesia local con profunda y sana enseñanza bíblica, tiene la posibilidad de vivir bajo el modelo divino.

Un matrimonio conforme al deseo de Dios es posible si ambos cónyuges determinan tener el diseño, seguir el propósito y mantener la estructura de Dios para la familia. Esto significa que lo que Dios quiere tendrá más importancia que sus ideas, deseos y pensamientos. Quienes determinan esto, tienen la posibilidad de tener una familia cuyas palabras, actitudes y comportamiento glorificarán a Dios. Además, podrán disfrutar la paz, la armonía y el desarrollo normal de sus integrantes.

En la familia bajo el modelo divino no existe la posibilidad de divorcio. Bajo este modelo la vida conyugal es un modelo de vida cristiana. Los esposos serán líderes que tendrán autoridad y la ejercerán. Las esposas aprenderán a vivir en sumisión, pero no sometidas. Los padres aprenderán a disciplinar a sus hijos, pero no los maltratarán.

A pesar de los beneficios que reporta la vida bajo el modelo divino, son muchos los que optan por lo peor. Prefieren someterse al pecado antes que obedecer a Dios y disfrutar sus bendiciones. Cambian los verdaderos valores de la vida y deforman el plan original de Dios para la familia. ¿Han pensado en cómo será la familia que no vive conforme a lo que Dios estableció?

La familia bajo el modelo del mundo

Son muchos los síntomas que manifiestan las familias que no viven bajo el modelo divino. Veamos algunos de ellos.

La inmoralidad en el matrimonio destruye la familia. Las parejas que se involucran en el adulterio, el homosexualismo o cualquier acto de inmoralidad, impiden que su familia tenga el diseño de Dios y preparan el ambiente para que ambos deseen separarse. Dios creó el matrimonio para que un hombre y una mujer compartan su amor. Otro hombre o una mujer, un triángulo amoroso, destruye el amor y crea todo un mundo de intrigas, sospechas, engaños y mentiras. El adulterio causa heridas, provoca angustia y traumas que son difíciles de superar. Toda inmoralidad es un pecado y cada pecado trae consecuencias. Las peores consecuencias provienen de los pecados que involucran el cuerpo.

El indebido orden de valores puede deteriorar a la familia. Los cónyuges pueden rechazar la estructura divina para la familia si no se separan de toda relación interpersonal o institucional que impida la cercanía entre ellos. Cuando existen otros vínculos más fuertes y relaciones más cercanas que las relaciones con su cónyuge, se prepara el ambiente para que uno o ambos deseen el término de la relación conyugal.

Algunos hombres, debido a que su autoestima aumenta por los logros que alcanzan y por su enfoque en la provisión económica, dedican tanto tiempo al trabajo que descuidan sus relaciones familiares. Otros hombres mantienen un nexo muy grande con sus amigos, a tal grado que cada fin de semana se reúnen con ellos para divertirse, practicar deportes o emborracharse. Sus esposas quedan encerradas en sus casas y odiando los amigos de su esposo. De ahí que algunas mujeres se dediquen solo a sus hijos o dediquen una gran cantidad de su tiempo a las reuniones congregacionales pues allí encuentran una ocupación que les alivia momentáneamente de sus conflictos.

La infidelidad es la causa de grandes males. Se rechaza el propósito que Dios tiene para la familia cuando uno o ambos cónyuges no tienen un compromiso de permanecer fieles a pesar de los conflictos, a pesar de las diferencias, a pesar de las tentaciones y de lo fácil que es romper los vínculos matrimoniales. Sin tener un compromiso hasta que la muerte los separe, el fin de la relación matrimonial es cosa de tiempo. Quien inicia su vida matrimonial con un compromiso limitado, no ha entendido el propósito de Dios. Las crisis llegarán, los conflictos irrumpirán y las diferencias que tanto llamaron la atención en la etapa de atracción, se convertirán en fuentes de división. Sin embargo, quienes tienen un compromiso hasta la muerte, lucharán con energía y cuando no sepan cómo continuar, buscarán consejo sabio.

El aislamiento socava el matrimonio. La pareja se opone al propósito de Dios para su familia cuando uno o ambos cónyuges desean vivir independientemente. Enfatizan el individualismo, se despreocupan de atender las necesidades de su cónyuge y andan cada uno por su rumbo.

El matrimonio es sinónimo de unidad y para cumplir el propósito divino debemos apoyarnos mutuamente. Ni la independencia, ni la dependencia son saludables. Solamente la interdependencia fortalecerá la relación conyugal. Cuando los planes se realizan individualmente sin tomar en cuenta los anhelos, deseos y opiniones de uno de los cónyuges y cuando no existen actividades en conjunto y armonía se abre el camino para el divorcio.

La falta de verdadera intimidad destruye el matrimonio. Si en el matrimonio no existe intimidad espiritual física y emocional, se va en contra del deseo de Dios. El peligro está al acecho cuando existen hombres que solo quieren intimidad en la cama, pero no en las labores diarias. Cuando alguno de los cónyuges pretende ser íntimo físicamente, pero no emocionalmente. Cuando alguno de los cónyuges intenta compartir la intimidad con otro hombre o mujer que no sea su cónyuge. Cuando la mujer se siente usada en vez de amada y comprendida. Con todas estas cosas en contra, el sendero hacia el divorcio se cimenta rápidamente.

¿NO HAY SOLUCIÓN POSIBLE?

En mi experiencia como consejero he notado que existen muy pocos casos en que la situación de la relación conyugal ha llegado a tal punto en que humanamente es imposible la restauración de la pareja a una vida normal. Existen casos en que el matrimonio enfrenta problemas que a pesar de todos los sinceros esfuerzos realizados y a pesar de que han buscado la dirección de un consejero y del Señor, son imposibles de solucionar. Ellos están en serio peligro y es necesario comenzar a pensar en la posibilidad de una separación. Cuando uno de los cónyuges no quiere abandonar su estilo pecaminoso y más bien quiere abandonar al cónyuge que es inocente del adulterio, es necesario pensar en la separación y dar pasos sabios para ello.

En tales momentos es necesario que al menos uno de los cónyuges tome la seria determinación de afrontar la situación hasta las últimas consecuencias. De ninguna manera este es un llamado a buscar el divorcio sino a enfrentar el problema. La consecuencia puede ser el arreglo de la relación matrimonial, la separación momentánea, pero planificada, o el divorcio de los cónyuges.

Existen matrimonios que viven una relación tan destructiva, pecaminosa y peligrosa, que la opción que traerá menos males es el divorcio. En ciertos casos, algunos esposos están de acuerdo que es imposible seguir juntos. En otros, al menos uno de los cónyuges sabe que lo más bíblico, necesario y saludable es terminar esa relación enferma y destructiva. Sin embargo, no sabe cómo debe hacerlo y que aun en medio de la tragedia esté actuando con temor de Dios y con la sabiduría necesaria. Para ellos tengo palabras de instrucción a continuación.

Adulterio permanente

Después de toda mi investigación, y al consultar con grandes hombres de Dios, he llegado a la conclusión que en el caso de adulterio permanente, es decir, cuando uno de los cónyuges persiste en una relación de adulterio y no quiere abandonarla, el cónyuge inocente tiene plena libertad para abandonarle, separarse y posteriormente si es necesario divorciarse.

Pueden darse dos casos. En uno, el cónyuge adúltero desea divorciarse para seguir su vida conyugal con la otra persona. En el otro, uno de los cónyuges mantiene una relación de adulterio permanente y confiesa que se está esforzando por terminar la relación ilícita, pero la realidad demuestra lo contrario. En algunos casos descubría que los años pasaban y que la persona decía que trataba de liberarse del pecado, pero la verdad era distinta. Seguía anclado en su maldad. A veces porque no sabe cómo hacerlo ni tiene la fortaleza necesaria, y otras por no buscar la ayuda disponible. Ese cónyuge muchas veces sigue manipulando al cónyuge inocente de adulterio. Este cónyuge tiene plena libertad para separarse por un tiempo para exigir el cambio de vida. De comprobarse que no existe una verdadera renuncia al pecado, pues no existe un abandono de el amante, creo que es necesario divorciarse del cónyuge culpable de adulterio.

Adulterio intermitente

También debo incluir en esta categoría el adulterio intermitente. No describo a alguien que tuvo una horrible caída, pero que busca genuinamente el perdón. Me refiero a que una mujer debe separarse de un hombre que constantemente cae en adulterio. No es un adulterio, son muchos.

Además, creo que también existe causal para el divorcio en el caso del abandono permanente por parte de uno de los cónyuges. La Palabra de Dios dice que si uno de los cónyuges decide el abandono, el otro no está obligado a servidumbre (1 Corintios 7.15).

Separación, pero...

Creo que existe causal para la separación, más no para el divorcio, en los casos en que existe severo maltrato emocional y físico. La separación es un proceso que se determina debido a que el cónyuge en pecado no ha entendido con palabras. Cuando este, a pesar de los enojos, regaños, lágrimas e incluso serias discusiones, continúa su ciclo de maltrato, remordimiento, búsqueda de perdón y de regreso a la violencia, debe ser obligado a abandonar el hogar.

La separación de los cónyuges por los conflictos en su relación matrimonial debe dirigirla un consejero para que se cumplan los propósitos que se persiguen. Separarse para reencontrarse con uno mismo, para poner en orden los pensamientos o para cambiar, no es sabio. La separación debe dirigirla un consejero pues los cónyuges llegaron a esa coyuntura debido a su negativa o incapacidad de resolver sus conflictos. Los cónyuges nunca deben volver a juntarse si no han eliminado la causa de su separación.

Uno de los casos que más dolor provoca es el de la violencia en el hogar. Cada vez que uno descubre que existen sobre todo mujeres y sus hijos recibiendo constante y continuo maltrato físico y emocional, no puedo evitar pensar en qué opinará el Señor sobre estas situaciones.

Siendo que estamos restringidos total y exclusivamente al texto bíblico para determinar doctrina, debo concluir que quienes aconsejan a las mujeres a permanecer bajo sumisión ciega a sus maridos, esperando con paciencia que algún día Dios les cambiará, han equivocado la interpretación bíblica. Si a una mujer la maltratan física o emocionalmente, si este es el patrón de conducta del marido y el bienestar mental y físico de los niños está en juego, debe ser asesorada para que logre que el cónyuge abandone el hogar o en casos dramáticos de peligro de la integridad física, debe abandonar de inmediato a su cónyuge. Debe buscar la protección de la familia, los amigos, la iglesia o las autoridades policiales y no debe regresar a su hogar si es que no existe un cambio radical que lo haya comprobado el consejero.

Creo que sí existe apoyo bíblico para el divorcio en este caso, aunque no existe causal para un nuevo matrimonio sino cuando el cónyuge comete adulterio. Esto puede considerarse como un abandono. El cónyuge culpable de ese comportamiento en palabras puede consentir y demandar seguir viviendo con su pareja. Sin embargo, con sus acciones demuestra todo lo contrario de lo que sus palabras expresan. Su comportamiento de castigo y maltrato continuo hacia su esposa y sus hijos señalan que no quiere o no puede vivir saludablemente en el matrimonio. Sus palabras pueden suplicar la permanencia, pero sus acciones piden a gritos la separación.

A manera de corolario

Podemos concluir que un matrimonio que es la antítesis del deseo de Dios, está fuera de su diseño, de su propósito. Está fuera de la estructura interna que Él planificó. Por lo tanto, no se ajusta a la voluntad de Dios y está listo para sufrir terribles consecuencias. Sin embargo, cuando los cónyuges han desarrollo un estilo de familia con estas características, no tienen que llegar al divorcio. La decisión adecuada y sabia que deben tomar quienes se dan cuenta de su alejamiento del plan de Dios para la familia, es volver al patrón original. La decisión que Dios honrará y que honrará a Dios es la de reconocer que ambos de alguna manera se han desviado del camino. Si ambos cónyuges reconocen que han seguido los impulsos personales, han buscado su propia gratificación, han obviado las necesidades de su cónyuge y han desobedecido a Dios, se arrepienten y vuelven al plan perfecto de Dios, podrán permanecer en una relación conyugal saludable a pesar de ser seres imperfectos.

El Señor honrará y bendecirá a quien decida reconocer que necesita arrepentirse y confesar sus pecados delante de Él. A quien pida perdón delante de su pastor o consejero para recibir orientación, y delante de su cónyuge para que las heridas sanen. Dios honra a quien toma la determinación de cambiar de palabras, actitudes y comportamiento y humillarse delante de Él. Quien se humilla delante de Dios, quien decide deponer su orgullo y aceptar los principios y valores divinos por sobre las ideas humanas, a su tiempo será exaltado delante de Dios y aun delante de su cónyuge. El gran secreto de una vida matrimonial saludable es que los matrimonios imperfectos se sometan al plan perfecto de Dios para el matrimonio.

Capítulo 3

Solución adecuada para una relación inadecuada

Todo lo que tiene potencial para el éxito, tiene potencial para el fracaso. Cuando el matrimonio falla, nada de Dios ha fallado. Existen matrimonios que han fracasado y excepcionalmente existen relaciones conyugales en que separarse es bueno y constructivo, mientras que seguir juntos es pecaminoso y destructivo.

LOS QUE DISFRUTAMOS DE UN BUEN MATRIMONIO sabemos lo gratificante que este puede ser para vivir a plenitud. A su vez, los que viven en angustias diarias saben cuán destructiva puede ser esta relación interpersonal. Así como un buen matrimonio es similar a un cielo, un mal matrimonio es realmente un infierno. Como he dicho antes, Dios no provocó el problema, sino nosotros. Él nos dejó los principios y nos dio el poder necesario para que tengamos éxito en nuestra relación matrimonial. Sin embargo, todo lo que tiene potencial para el éxito, también lo tiene para el fracaso.

Si usted se encuentra en una de esas circunstancias en que tiene el apoyo bíblico para buscar el divorcio, es posible que se encuentre luchando seriamente por tomar esta decisión. Por supuesto, esta es una decisión difícil y de ninguna manera quiero suavizarla. Es difícil porque el divorcio es un proceso que nunca termina. El divorcio es una de las experiencias más dolorosas. Es la muerte de un matrimonio, pero con esto no terminan todas las cosas como sucede con la muerte física. Se acaba la relación conyugal, pero en la mayoría de los casos quedan nexos comunes. Existen lazos económicos que exige cierto trato y es mucho más difícil cuando se tienen hijos. Con estos, los padres se ven obligados a tener un cierto nivel de contacto. Los efectos del divorcio se pueden aprender a manejar con mucha sabiduría, pero en esencia es una herida en el plan perfecto de Dios que deja profundas cicatrices.

Si después de un serio análisis y ayuda especializada considera que tiene razones bíblicas para divorciarse, quisiera que haga un examen profundo de lo destructiva que es su relación conyugal y la compare con las consecuencias que le sobrevendrían en caso de un divorcio. Pasar por conflictos matrimoniales tan graves que motivan la búsqueda del divorcio afecta la vida de la persona y produce uno de los más serios conflictos emocionales. Le ruego que tenga mucho cuidado pues muy rara vez las personas toman decisiones apropiadas cuando se encuentran en medio de esas circunstancias.

CUANDO SE TOMAN DECISIONES DIFÍCILES

Ante la idea de un divorcio, las cosas se tornan diferentes. Quien desea tomar una decisión como esta en medio de una situación tan emocional, corre el riesgo de enfocar su pensamiento casi exclusivamente en sus anhelos, intereses y deseos. No va a pensar en los otros miembros de la familia. Esto es peligroso, sobre todo cuando existen hijos de por medio.

Sin dudas, el divorcio es una opción cuando existe una relación absolutamente destructiva en la que los adultos y los niños sufrirían más que si se mantiene el matrimonio. No obstante a eso, es indispensable pensar que usted se encuentra frente a una decisión que le afectará para siempre. Alterará todas las áreas de su vida y a todas las personas que están involucradas en ella. La Biblia nos anima a tomar en serio nuestras decisiones y a calcular los costos antes de meternos en un proyecto. Y, por supuesto, la decisión del divorcio no es una excepción (Lucas 14.28-32).

Existen preguntas serias que deben realizarse. En primer lugar, pregúntese: ¿Cómo afectará el divorcio a mi vida? Debe comprender que le afectará emocional y físicamente.

Es posible que en este mismo instante esté sufriendo los estragos de la tensión nerviosa que experimenta. ¿Está absolutamente seguro, está realmente convencido que su vida será mejor después del divorcio? ¿Está su decisión apoyada por la Palabra de Dios? ¿Qué pensará Dios de su situación? Todo el que cree a Dios y quiere vivir bajo los valores divinos debe hacerse estas preguntas. ¿Ha pensado que el divorcio afectará también su situación económica? Es obvio que en la decisión del divorcio no debe influir el beneficio ni el retroceso económico que se experimente. Sin embargo, esto es algo que debe considerarse en la decisión a fin de que ninguno de los dos cónyuges salga perjudicado innecesariamente.

¿Ha pensado cómo el divorcio afectará a sus hijos? Existe información que señala que los hijos de los padres divorciados son más propensos al suicidio, pasan más tiempo en la cárcel o tienen más problemas de comportamiento. Tienen menos defensa ante enfermedades físicas y mentales. Por lo general, los hijos de padres divorciados están en medio de dos padres que consciente o inconscientemente, agresiva o sutilmente, luchan por recibir el apoyo emocional y obtener la mayor parte del tiempo de sus hijos. Es muy común que directa o indirectamente los padres exijan que los niños tomen partido por uno de los dos y eso es precisamente lo que los hijos no desean.

En el caso de que ambos sean cristianos y asistan a la misma congregación, tengan amigos cercanos comunes o gocen de buenas relaciones interpersonales con la familia de su cónyuge, también se llevará a efecto un divorcio con algunos o todos ellos. Además, en el caso de que se divorcie y tenga la posibilidad de un nuevo matrimonio, las estadísticas le dicen que contará con menos de treinta por ciento de posibilidades de que su nuevo matrimonio sobreviva cinco años o más, y que en el tercer matrimonio solo tendrá quince por ciento de posibilidades de tener éxito.[1]

Sugerencias que le ayudarán

Si después de leer lo anterior ha llegado a la conclusión que mi intención es desanimarle y que no logre rápidamente su meta de conseguir el divorcio, está en lo cierto. Mi intención es desanimar a todos aquellos, y generalmente son la mayoría, que buscan el divorcio como un medio de escape de una situación que puede ser difícil pero no imposible de solucionar.

Sin embargo, también estoy consciente de que existen relaciones conyugales que no deberían continuar ni un minuto más. Si su situación está dentro de los límites bíblicos que permiten la separación y el divorcio, y realmente se encuentra en peligro, es muy posible que no sepa qué hacer. A fin de ayudarle, tengo algunas sugerencias que le guiarán a seguir un camino cristiano y con gran responsabilidad. Solo quiero

1 Gary Richmond, *The Divorce Decisión*, Word Books, Waco, TX, 1988, pp. 12-15.

orientarlo para que encuentre la salida que le brinda la Palabra de Dios a quienes se encuentran en necesidad de restauración.

Salida a situaciones insostenibles. Cuando la falta de armonía sustituye a la armonía, cuando el maltrato suple al cariño, cuando la lujuria y el adulterio suplantan el amor genuino y la intimidad integral, cuando el abandono cambió la unidad y la convivencia, cuando se rompieron los compromisos y otras personas o cosas se interponen en la relación conyugal, la separación y el divorcio sustituyeron al matrimonio. Dios no desea el divorcio. Tampoco el cónyuge que anhela cambiar y seguir los principios divinos. No obstante, sí lo es de quien se rebela contra la voluntad y los mandatos divinos. Cuando la disposición a escuchar a Dios y a sus seres queridos se ha sustituido por la «dureza de corazón», y la necedad y el pecado han corrompido el plan divino perfecto y limpio, la salida de esa relación enferma y esclavizante es el divorcio.

Suponga que ha ahorrado el suficiente dinero para construir una piscina. Se reúne con el constructor y discuten acerca de cuáles son sus gustos y preferencias. Se firma el contrato y todo marcha de acuerdo a lo planificado. Se comienza la construcción, se usan todos los materiales acordados y finalmente se termina el trabajo. Usted lo recibe satisfecho y paga todo lo que debe. Entonces usted llena la piscina y pasado un tiempo se da cuenta que el agua ya no está cristalina. Se ha vuelto de color verde y despide un terrible mal olor. No esperaba que eso ocurriera. Eso no estaba en sus planes. Lo que quería era agua limpia y cristalina para disfrutar de los beneficios de la piscina que construyó porque ese sí era su plan original. Sin embargo, el enemigo vino sin invitación. Tal vez no se preocupó de darle el mantenimiento apropiado. Los gérmenes la inundaron y dañaron aquello que tenía un buen propósito y que tenía todo para cumplir con su propósito.

Mientras más tiempo dejamos al enemigo allí, más putrefacta se torna el agua. Este es el momento de tomar una decisión. Al pensar y evaluar la situación tiene frente a si algunas opciones. Cubre toda la piscina con tierra y cemento y se olvida de ella, o decide poner todos los químicos necesarios para iniciar un pronto proceso de purificación. Rápidamente debe poner cloro. Por su poder destructivo, este quemará sus ojos, su piel y su traje de baño cada vez que decida nadar. Es una medida extrema, es una medida en la que inevitablemente sufrirá consecuencias, pero es absolutamente necesaria.[2]

Este proceso lo he notado también en mi relación con el dolor que experimentan los que ven cómo se destruyen sus matrimonios. La putrefacción es el resultado de la invasión de gérmenes. Así como el agua de la piscina terminó corrompida, de la misma manera ha ocurrido con muchas relaciones matrimoniales. Es lamentable, pero el pecado ha invadido la vida matrimonial y aunque el plan de Dios es perfecto, el pecado ha corrompido esta relación.

Creo que existe un paralelismo entre lo que ocurrió en el Antiguo Testamento con el pueblo de Israel y lo que pasó con la Iglesia en el Nuevo Testamento. Moisés permitió el divorcio cuando el ideal de Dios para el matrimonio de lo judíos no se cumplía. Dios quería que se mantuviera la distinción de la nación judía.

Cuando el matrimonio es una relación putrefacta donde se han metido gérmenes y uno de los cónyuges no está dispuesto a pasar por todo el proceso de eliminación de las impurezas, el divorcio permite que se mantengan algunos de los distintivos de un hogar que modela el carácter de Dios. Se pierden algunas marcas del ideal, pero no se mantiene el proceso de corrupción y destrucción.

En estos casos el divorcio llega a ser una forma de salvar el distintivo de un creyente, a pesar de que esta nunca fue la intención original de Dios. Se permite a fin de que el pecado no llegue a proporciones insostenibles.

Conforme a lo que la Palabra de Dios enseña, cuando existe adulterio o abandono, el creyente no está obligado a

---

2 Charles Swindoll, *El divorcio*, Editorial Unilit, Miami, FL, 1989.

permanecer en un ambiente peligroso para su salud espiritual, física y emocional. El creyente en esas circunstancias puede divorciarse y lo hace apoyado en las bases bíblicas que están a su disposición. Debe realizarlo con el respeto que es propio de cualquier determinación que tome el cristiano, por difícil y dolorosa que esta sea. El creyente tiene el llamado a responder con sabiduría y, tanto en palabras como en conducta, debe actuar con dignidad.

La manera de proceder del creyente debe ser tal, que corresponda a las acciones de un hijo de Dios. Debe tener el propósito de que una vez separado del cónyuge que está en pecado, pueda vivir para la gloria de Dios y que le permita su desarrollo normal como un individuo en una relación saludable. El cristiano debe tener como meta que cuando ocurra la separación de su vínculo pecaminoso y/o destructivo, vivirá de tal forma que su vida será productiva y un aporte no solo a la familia, sino a la iglesia y a toda la comunidad.

Liberación del yugo destructivo. A través del divorcio, el creyente tiene un camino que le libera de la esclavitud de ese yugo destructivo. Por tanto, en su vida y familia, Dios volverá a recibir la gloria que se le estaba quitando. La comunidad no cristiana observará la conducta y el testimonio apropiado del creyente y recibirá en ella a alguien productivo. Con el divorcio, el no creyente que anhelaba seguir en pecado tendrá la libertad de vivir conforme a sus deseos pecaminosos. Sin embargo, ahora no seguirá afectando la vida de quien estaba obligado a permanecer a su lado por el vínculo matrimonial existente. Si esa es su situación, creo que debe tomar medidas radicales y decisiones importantes para el futuro de su vida.

Determinaciones radicales. Cuando las personas casadas se encuentran en situaciones tan difíciles, en que al menos uno de los cónyuges realmente vive una situación insoportable, es necesario tomar determinaciones radicales. Las determinaciones para poder enfrentar a tiempo y con éxito una situación verdaderamente conflictiva no deben postergarse. De ellas dependen la sanidad emocional del individuo o la destrucción de este.

Quizás algunos recuerden la historia de los deportistas uruguayos que cayeron en la cordillera de los Andes, en Chile, cuando viajaban en un avión para cumplir un compromiso deportivo. El avión cayó en una montaña muy nevada. Debido a que el techo del avión estaba pintado de color blanco, las patrullas de rescate no lo podían divisar. Para enfrentar las duras circunstancias que no buscaron, estos jóvenes tuvieron que tomar una decisión radical. Morir de hambre y frío o sobrevivir comiendo carne de sus compañeros muertos. Por supuesto que su decisión fue seguir viviendo y para ello tuvieron que hacer lo que nunca habían hecho. Debían comer carne humana. Solo esa acción les permitiría mantenerse con vida. Sin duda fue una decisión difícil, horrible, pero absolutamente necesaria para la supervivencia.

Hay momentos en que los matrimonios llegan a situaciones tan terriblemente complicadas, que el intento de obviar la situación o no buscar soluciones lo único que conseguirá es lesionar espiritual, emocional y físicamente a ambos cónyuges.

Como es natural, los consejeros cristianos tratamos de evitar por todos los medios adecuados que ocurra el divorcio. Sin embargo, los que ven que poco a poco se acerca la muerte de su relación conyugal, deben tomar una decisión tan radical como la que enfrentaron los jóvenes uruguayos. La situación complicada que vivieron evidentemente indicaba que era necesario actuar de inmediato. Las circunstancias eran propicias para la destrucción. El techo del avión blanco no permitía a las patrullas de rescate reconocer donde se encontraban. Pasaban los días y no tenían ninguna relación con otros seres humanos. No tenían forma de comunicarse. Sus medios de comunicación estaban destruidos. Se terminaron los alimentos, el frío los congelaba lentamente, el tiempo seguía su marcha y no encontraban ninguna otra solución. En tales circunstancias era necesario actuar, hacer lo que nunca antes hicieron, lo que nunca esperaron, lo que no planificaron, lo que no deseaban, pero que era indispensable.

De la misma manera hay matrimonios que viven situaciones demasiado peligrosas como para permanecer impávidos. Hay momentos en que las líneas de comunicación están del todo destruidas. El matrimonio muere lentamente y los cónyuges se destruyen en forma paulatina pero constante. Ese es el momento oportuno para determinar hacer cosas que nunca antes pensaron y que nunca planificaron, pero que deben llevarse a cabo pues, si deciden mantenerse en esa condición, no les espera un final adecuado.

La buena orientación. Es lamentable, pero algunas personas deciden rechazar toda ayuda cuando más la necesitan. Cuando los matrimonios se encuentran en estas circunstancias, hay pocos cónyuges que buscan la orientación necesaria a pesar de que ese es el momento propicio para hacerlo. Existen otros, que ante la terrible presión que soportan, deciden buscar consejeros, pastores, sicólogos o siquiatras.

Algunos que, al pasar por el proceso de asesoramiento, requieren cambios indispensables para la normalización de la relación interpersonal, demuestran que no están dispuestos o no tienen la capacidad para realizarlos. Sin embargo, también existen quienes comprenden su situación crítica y con paciencia y humildad determinan dar todos los pasos necesarios para realizar los cambios requeridos. Estos son los que juntos, y como pareja, tienen la posibilidad de conquistar con éxito una buena relación matrimonial.

Muchas veces sucede que las parejas en el proceso de asesoramiento comienzan a ver de inmediato ciertos resultados, a pesar de que el consejo apenas ha tocado ciertas áreas superficiales. Es entonces que las parejas al notar que comprenden mejor la situación, deciden valerse por sí mismas, abandonan el asesoramiento y siguen tratando su conflicto con las pocas herramientas adquiridas. Por supuesto, esa es una decisión inadecuada, pues el problema real es mucho más profundo que lo que los cónyuges se imaginan.

La buena orientación, en el momento oportuno, será determinante para el futuro de una sana relación.

Los cambios necesarios. Cuando las parejas buscan ayuda por encontrarse en circunstancias difíciles, como consejero debo ayudar para que sean capaces de realizar los cambios necesarios que permitan una vida conyugal saludable. Por lo general, pido que dediquen tiempo a la persona amada y que pasen juntos, como pareja, conversando con franqueza. Siempre que es necesario, solicito que cambien sus hábitos sexuales, de trabajo e incluso que cambien su forma de comunicarse. Por supuesto, estos consejos son útiles y pueden ayudar a restablecer la comunicación rota o permitir el inicio de un proceso de comprensión entre dos personas heridas y decepcionadas. No obstante, llevar a la práctica acciones que en el pasado voluntaria o involuntariamente se han pasado por alto, requiere de determinaciones radicales. Lo radical del compromiso a cambiar otorga la posibilidad de salvar el matrimonio que está muriendo.

El respeto mutuo. En muchos casos las personas tienen una relación inadecuada debido a la forma en que cada una de ellas comienza a percibirse. El mal comportamiento hiere a la otra persona y llega a perderse el respeto mutuo. Es necesario recordar que la forma en que una persona se comporta cada día está directamente relacionada con el respeto o la falta de respeto que existe entre los cónyuges. Los empleados actúan de acuerdo a cómo respetan a sus empleadores. Los hijos de acuerdo al respeto que tienen de sus padres y viceversa. La naciones coexisten en armonía o discrepancia en dependencia del respeto mutuo que se tienen. Las relaciones matrimoniales no son una excepción. También en ellas es esencial el respeto mutuo.

Una de las cosas más importantes que hacemos los consejeros para tratar de resucitar una relación muerta es tratar que, con la ayuda de Dios y al tener un cambio de percepción y de valores, las personas aprendan a respetarse de la forma descrita en la Palabra del Señor. Los matrimonios, cuyos integrantes tienen un profundo respeto mutuo, pueden hacer todos los cambios que sean necesarios. Sin embargo, existen situaciones excepcionales en que uno o ambos cónyuges han elegido el camino del pecado y ningún consejo les motivará a determinar abandonar el pecado. En esos casos, el cónyuge inocente no tiene obligación de permanecer en esa relación matrimonial.

PASOS PRÁCTICOS PARA LA SANIDAD

Cuando se determina que ya no existe solución humana, es imprescindible dar pasos con el fin de encontrar la libertad a esa situación enfermiza y esclavizante. Buscar la salida de una relación enferma requiere de sacrificio. Hay un precio que pagar para obtener la sanidad emocional. No es fácil romper una relación. No es fácil imaginarse el futuro en soledad. No es fácil enfrentar las emociones sobre todo en las circunstancias dolorosas en que las personas se encuentran. No es fácil pasar por todo el estrés que involucra una determinación como esta. Sin embargo, cuando la relación está tan enferma que solo produce deterioro y destrucción, merece que se realice el más alto sacrificio. Ahora pasemos a determinar algunos pasos muy prácticos al respecto.

La pareja que se da cuenta que va rumbo a la muerte, debe tomar decisiones radicales, aunque sea difícil y no le guste hacerlo. La pregunta lógica que tendrán los cónyuges al comprender la situación crítica que viven, será: ¿Qué puede hacer un matrimonio en estas condiciones? Eso es precisamente lo que anhelo poder contestar a partir de este momento. Mi respuesta incluirá una serie de sugerencias que le ayudarán si es que actúan con determinación, sinceridad y compromiso.

Confrontación con determinación

La confrontación es el careo que se realiza entre dos o más personas. Digo que debe ser con determinación pues en el careo deben fijarse los términos por los que se va a regir la relación conyugal en el futuro.

Nada es peor que pasar por alto un conflicto y la peor solución que puede imaginarse es dejar que el tiempo transcurra y no enfrentar el problema para encontrar verdadera solución. Recuerde, hay problemas que el tiempo no resuelve. Hay situaciones que se empeoran con la impasibilidad.

Sería ideal que ambos cónyuges estén conscientes de la necesidad de cambio, pero muchas veces la realidad es distinta. Por lo general, es uno de ellos que como resultado del cansancio, la sabiduría propia o el asesoramiento profesional, decide actuar seriamente. En la mayoría de los casos es una reacción en vez de una acción. El cansancio, el dolor, el enojo o la desesperación son motivos por los que muchas personas se deciden a tomar las medidas necesarias para interrumpir el proceso de deterioro de las relaciones conyugales. En la mayoría de los casos, esta no es una reacción dirigida a buscar un cambio para salvar el matrimonio. Más bien la persona piensa que su reacción tiene como propósito terminar con el sufrimiento que le aqueja. Y para hacerlo, termina la relación matrimonial con quien es la causa de su dolor.

Creo que ningún cónyuge debe permitir que su matrimonio se destruya. Es mucho más sabio que antes de llegar al cansancio alguno determine buscar ayuda. Si solo uno de ellos está dispuesto a hacerlo, con sabiduría y sometido a los principios bíblicos, debe tener presente dos metas. Primero, crear conciencia del problema. Segundo, dar todos los pasos necesarios y esforzarse al máximo para encontrar solución. Por lo menos una de las dos personas debe hacer serios intentos de enfrentar el conflicto con determinación.

Lo ideal es que ambos se comprometan a iniciar y terminar un proceso de asesoramiento matrimonial. Deben buscar ayuda y bajo consejo profesional sabio adquirirán las herramientas necesarias para determinar con mayor conocimiento si es posible seguir en la relación conyugal o si el mejor camino es el divorcio.

Es lamentable, pero muchas veces uno de ellos se niega rotundamente a hacerlo. En ese caso la sana relación matrimonial es humanamente imposible. De ahí que en tales circunstancias sugiero que busque ayuda al menos el que lo desea. De todas maneras, la búsqueda de consejo independiente le servirá para su propio bien. Asimismo tendrá más paz en su conciencia y recibirá herramientas que le ayudarán a tomar buenas decisiones. Lo primero que hay que hacer es lo que dice la expresión popular: tomar el toro por los cuernos. Quien determina iniciar el proceso de confrontación debe buscar el momento oportuno, utilizar las palabra apropiadas, hablar francamente y decidir de la forma más honesta y con el más absoluto respeto, los pasos que comenzará a dar de inmediato en este proceso de búsqueda de la solución.

Presión con sabiduría

A veces todas las técnicas que los cónyuges emplean con el fin de sostener el matrimonio solo sirven para permanecer juntos, pero es un fracaso porque el problema real en vez de solucionarse, se agrava. A esto se debe que la relación conyugal caiga en un estado deplorable. Por lo tanto, ante tal situación, deben rechazarse de inmediato esos mecanismos de presión que se usaron con anterioridad porque no son lo suficientemente sabios como para motivar un cambio.

La manipulación, la angustia, la ira, las exigencias, las peleas, los conflictos pasados por alto, el sufrimiento soportado sin abrir la boca, deben eliminarse. Las técnicas de suplicar, gritar, llorar o la actitud de esclava que adopta una esposa, son del todo destructivas. Indudablemente que hay tiempos en que los sentimientos deben expresarse y hay ocasiones en que hay que mantener una callada tolerancia. Sin embargo, estas respuestas no deben usarse como una técnica persuasiva para mantener el matrimonio.

La mayoría de las personas no sueñan ni planifican usar este tipo de métodos coercitivos para convencer al cónyuge de que deben seguir casados. Más bien estas prácticas erróneas son producto de un acomodamiento a las circunstancias o los mecanismos de defensa que los cónyuges han creado. Sin duda, también han usado otros métodos con el sincero afán de atraer, animar, compartir, soportar, apoyar a su cónyuge o para mostrar que aun existe amor verdadero. La dura realidad, no obstante, comprueba que incluso esas técnicas han fallado y usarlas solo consigue agravar la situación.

Los métodos de súplica que emplean los cónyuges durante los conflictos en el matrimonio son muy negativos. Imagínese que usted desea casarse. Ha esperado por mucho tiempo, los años han pasado y cuando ha llegado al punto de desesperación, finalmente consigue novio. ¿Cree que sería efectivo tomarlo por el cuello y exigirle de favor que se case con usted? ¿Cree que sería bueno suplicarle que se case explicándole en medio de las lágrimas que si no lo hace destruirá toda su vida? Suponga que decide exigirle que se case porque no puede vivir sin él y le comunica constantemente su disposición a morir si no la acepta. Sinceramente, ¿cree que ese es un método apropiado? Sin duda estará de acuerdo conmigo en que esa forma de conseguir una relación interpersonal es del todo errónea. A decir verdad, no creo que exista un ser humano racional que actúe de esa manera.

Lamentablemente así es la forma de actuar de algunas personas dentro del matrimonio. Cuando un matrimonio se encuentra viviendo bajo circunstancias destructivas, al menos uno de ellos necesita abrir una puerta de escape. Recuerde, la súplica constante, el ruego acongojado, son métodos ineficaces para atraer a otra persona. Acciones como estas solo aumentan la falta de respeto.

La misma técnica con resultados diferentes

Es indudable que si uno de los cónyuges ha estado evitando, postergando o rechazando la idea de tomar decisiones con respecto al futuro de la relación matrimonial, el otro tiene la obligación de exigir una definición. Por lo general, en todos los casos se usa la misma técnica de presión pero con diferentes matices. Mantenga sus expectativas reales pues no siempre los resultados son los que uno se imagina. Sin embargo, la presión que se realiza tomando en cuenta principios bíblicos, siempre cumplirá el objetivo de que al final se defina el futuro de la pareja.

Después de asesorar a Luisa, una persona que sufría de maltrato físico y emocional, y después de algunos meses de tratarla, la mujer tuvo la suficiente fortaleza para confrontar a su esposo. Le ayudé a prepararse espiritual y emocionalmente.

Luisa le dijo a su esposo más o menos lo siguiente: «Creo que he vivido momentos muy lindos contigo en mi matrimonio. Mi amor ha sido tan profundo y sincero que he intentado atraparte por todos los medios que se me han ocurrido. Ahora me doy cuenta que algunos fueron apropiados y otros ridículos. Nunca he querido que te marches. He cometido serios errores en mi vida y solo mis principios cristianos me han impedido que actúe de una manera violenta. Sin embargo, llegó el momento en que tenemos que enfrentar el problema y tomar una determinación.

»Nos casamos libremente, tomamos nuestras decisiones sin presión alguna y desde hace un buen tiempo vienes amenazándome con que vas a terminar con el matrimonio. Creo que a partir de esta fecha no voy a suplicarte nunca más. Tienes la libertad de marcharte. Sé que esta experiencia ha sido muy dolorosa, pero creo que puedo enfrentar mi vida sin ti. Lo único que te ruego es que asumas absoluta responsabilidad ante nuestros hijos y sobre mi persona. Tú me has dicho que tienes un abogado y es necesario hacer bien todas las cosas. Creo que debemos separarnos como dos seres humanos racionales. No tenemos por qué pelearnos, no tenemos por qué destruirnos, ni por qué atacarnos. Esta es una decisión que tomamos juntos. Debido a que no tengo los conocimientos legales, vamos a hacer todas las cosas en forma adecuada y por eso he buscado el consejo necesario. A partir de este momento considerémonos personas que inician su proceso de separación y hagámoslo con la mayor altura y dignidad posible».

Después de conversar en algunas oportunidades con Luisa, quien por años le suplicó a su esposo que no abandonara el hogar, finalmente cambió. Después de comunicar a su esposo su nueva posición, comenzamos a notar que el esposo creía que esta era solo una nueva técnica que estaba empleando para que él se quedara en el hogar. Luisa tuvo que comenzar a actuar muy sabiamente a fin de dar a entender que esta no era una maniobra más, sino que era una decisión absolutamente radical.

Es necesario que la esposa compruebe al esposo que sus palabras son verdaderas y la mejor forma de hacerlo es apoyando sus palabras con un adecuado comportamiento y con una buena actitud. Debe demostrar que su decisión es real y verdadera. Solo el tiempo y su actitud pueden demostrarle que él es realmente libre para tomar sus determinaciones.

En muchas oportunidades he comprobado que el cónyuge confrontado busca diferentes forma de comprobar si todavía puede manipular o si puede seguir controlando la situación. Es indispensable que le demuestre lo contrario. Usted debe probarle que ya la situación no está en manos del manipulador, sino en manos del cónyuge que ha tomado la decisión radical de iniciar el proceso de separación. Si el cónyuge más vulnerable pasa esta prueba inicial, si logra convencer a su cónyuge que su decisión es verdadera, pueden existir diferentes consecuencias a las que experimentó Luisa en su relación matrimonial.

Pedro, al darse cuenta de la seriedad de la determinación de su esposa y después de comprobarlo de diferentes maneras, se sintió motivado a realizar cambios tan radicales que abrieron una puerta de esperanza para la solución. Pedro demostró tanto arrepentimiento y humildad que Liliana aceptó que su esposo se sometiera a un proceso de asesoramiento y luego siguiera las sugerencias del consejero.

Después de tres meses de recibir consejos, Pedro no solo había aceptado a Jesucristo, sino que era un hombre que había iniciado rápidamente un proceso de cambio radical de su vida. Estuvieron tres meses separados. Luego, durante dos meses vivieron juntos y bajo asesoramiento. Cuando llegó el sexto mes desde que la esposa decidió confrontar con seriedad su situación, comenzaron una relación matrimonial con límites bien definidos y con muchas posibilidades de sanidad.

Alejandra vivió una experiencia totalmente diferente. El mismo día que confrontó a su marido, este abandonó el hogar y nunca más supo de él. Por muchos meses vivió arrepentida de lo que había hecho a pesar del castigo constante que recibía y de la amante que su esposo tenía. Después de un largo proceso de ayuda sicológica, inició su vida normal.

Cristina era la mujer que más temores tenía. Durante años ayudó a su esposo que era un alcohólico. Hizo todo lo humanamente posible por mantener su relación matrimonial. Buscó ayuda en grupos para esposas de alcohólicos. Asistía a cada conferencia sobre la familia e invitaba a su esposo. Asistía a estudios bíblicos. Incluso yo tuve la oportunidad de conversar y asesorar a su esposo. Cada vez que le mencionaba que debía tomar una decisión radical, Cristina se llenaba de temores. Su situación económica era buena a pesar de que nunca había trabajado y sentía temor.

Fueron muchas las veces que Cristina confrontó a su marido y siempre recibía innumerables promesas. Finalmente, tuvo que abandonarlo. La última vez que conversé con ella por teléfono me contaba que por primera vez estaba trabajando para sostenerse y vivía independientemente. Aunque estaba realizando tareas que nunca había hecho en su casa, sentía que estaba viviendo con ilusión, esperanza y tranquilidad.

En su caso, lector, no tengo manera de determinar lo que ocurrirá. Pero el secreto radica en que sin importar cuál sea la reacción de su cónyuge, usted debe enfrentar la situación con el propósito de llegar a una definición. Quizás comience a notar que ya no es necesario pelear y la relación interpersonal mejore. Obviamente este puede ser un buen síntoma o una manipulación de su cónyuge. Tal vez sea real el deseo de cambio por la presión que ha realizado. Sin embargo, para poder volver a unirse tiene que existir un tiempo de separación y un tiempo de asesoramiento. Debe tratar con seriedad de corregir los problemas que han provocado la separación.

Los problemas no se arreglan con solo separarse. El consejero les ayudará a determinar si están preparados para volver o no.

En algunos casos la presión producto de la confrontación produce una consecuencia del todo diferente. Algunas parejas después de confrontar profundamente el asunto o de separarse y buscar ayuda profesional, toman la determinación de separarse definitivamente y luego divorciarse. En ese caso, la persona que ha estado sufriendo por tanto tiempo comenzará por primera vez a experimentar cambios.

No cabe duda de que al principio existe una serie de temores que describo más adelante. Sin embargo, es necesario vivirlos porque poco a poco comenzará a sentir el cambio. Por primera vez es la persona que tiene el control de su propia vida. Cuando se recupera el control, se deja de sufrir el dolor de la manipulación ajena. Sentirá mayor fortaleza para poder enfrentar la situación con mayor sabiduría. No hay agonía más grande que pasar por este tiempo de espera, de lágrimas, de separación y de rompimiento de la relación interpersonal. Pero, a pesar de todo, por primera vez la persona va a comenzar a tomar las determinaciones por sí misma. Por primera vez las cosas dependerán de lo bien o mal que actúe, de la determinación sabia o poco sabia que realice. Por primera vez se sentirá libre de tomar sus determinaciones y actuar como lo desea y de acuerdo a sus propios valores. No sentirá que está esclavizada a los deseos y anhelos de quien le tenía atrapada. Poco a poco y en medio de esas experiencias, el proceso de sanidad comienza. La presión de tomar decisiones sola y las consecuencias de sus hechos le comprueban que es libre y que debe encargarse de su vida. Ya no hay a quien culpar ni de quien depender.

Creo que estas recomendaciones son absolutamente bíblicas. La Palabra de Dios tiene un profundo respeto por el ser humano y creo que el apóstol Pablo con mucha sabiduría escribe en 1 Corintios 7.12-15 algo muy importante:

> Y a los demás yo digo, no el Señor: Si algún hermano tiene mujer que no sea creyente, y ella consiente en vivir con él,

> no la abandone. Y si una mujer tiene marido que no sea creyente, y él consiente en vivir con ella, no lo abandone. Porque el marido incrédulo es santificado en la mujer, y la mujer incrédula en el marido; pues de otra manera vuestros hijos serían inmundos, mientras que ahora son santos. Pero si el incrédulo se separa, sepárese; pues no está el hermano o la hermana sujeta a servidumbre en semejante caso, sino que a paz nos llamó Dios.

El propósito de esta separación, tal como lo explica el apóstol, es que la persona pueda encontrar la paz. La instrucción del apóstol en este pasaje es a permanecer fieles, que el divorcio no debe estar en su mente. Este es un excelente consejo, pero Pablo no se olvida de la realidad. También es muy sensible con quienes no tienen forma de escapar de su circunstancia.

En algunos casos, uno de los cónyuges dice verbalmente que quiere permanecer en el hogar, pero con sus hechos destruye y demuestra que no tiene intención de permanecer en paz en la vida matrimonial. Dios nos llamó a tener paz y debemos buscarla. Sin embargo, a veces la paz se consigue únicamente mediante la separación del cónyuge que insiste en seguir su vida de adulterio.

Enfrentar la situación con determinación y sabiduría es un paso, no una opción. Es una obligación. Con solo enojarse o exigir constantemente, no conseguirá un cambio en su relación interpersonal. Lo que se requiere son acciones y no amenazas que nunca se cumplen. Se requiere un ultimátum que demande respuestas específicas y que resulten en buenas consecuencias para el matrimonio. Se debe hablar con absoluta franqueza. Hay que establecer las metas que se quieren lograr en la confrontación. Hay que establecer formas y fechas en que se comprobará si se está logrando lo planificado o prometido. Nunca haga promesas que no está dispuesta a cumplir. Su cónyuge las verá como falsas amenazas y nada más.

Elección: acogerse a una alternativa

Toda persona que vive una situación tremendamente difícil en su hogar tendrá que tomar la determinación de hacer la elección debida. Son precisamente las circunstancias más complicadas y las experiencias más devastadoras las que demandan elecciones más dramáticas. Existen determinados momentos en que la situación de la vida conyugal ha tomado características tan destructivas que es imprescindible que los cónyuges hagan una elección.

Cuando un hogar da muestras de violencia verbal o emocional, que son las armas del que se comporta como un tirano, o cuando el que debe modelar la fidelidad optó por el adulterio, es necesario tomar determinaciones mucho más radicales. Recuerde que no solo está en juego la estabilidad emocional de una persona, sino su seguridad y su vida misma.

En estos casos las personas tendrían cuatro alternativas:

Permanecer a pesar de...

Algunos determinan permanecer en su casa, guardando silencio y convirtiéndose en el eterno conciliador. En este caso la persona opta por algo en que no va a tener éxito. No importa cuán pasiva se convierta una mujer, lo único que logrará es permitir que su esposo se aproveche al máximo de ella. Además, pagará un terrible precio emocional por estar acumulando sufrimientos diariamente. Esta de ninguna manera es una respuesta adecuada.

Toda mujer cristiana debe recordar que si soporta estoicamente esa situación se debe a su elección. Quien decide aceptar el insulto o el adulterio, quien decide esperar un milagro, debe entender que Dios tiene mejores opciones que la que usted ha elegido. La mujer cristiana no tiene la libertad de usar armas pecaminosas para controlar la situación. En esta circunstancia no tiene derecho a actuar indebida o pecaminosamente porque su esposo también lo está haciendo. Todo lo contrario, una mujer cristiana tiene el llamado a actuar cristianamente, y es bíblico confrontar el pecado y las acciones de quienes nos rodean.

El cristiano tiene la responsabilidad de confrontar en amor y no aceptar con temor. El que ama a Dios y a su familia tiene la responsabilidad de actuar con sabiduría y no soportar con sangre fría. La sumisión no impide la posibilidad de comunicarse ni expresar con palabras adecuadas y con absoluta sinceridad sus sentimientos en la situación triste que está viviendo. La sumisión no significa que la mujer tenga que ser una esclava, que no tiene derecho a voz en su hogar. Todo lo contrario, la mujer tiene pleno derecho a hablar, a exhortar y a comunicarse. Como es natural, debe hacerlo dentro de los principios escriturales con el más absoluto respeto, con las palabras, las actitudes y las acciones adecuadas.

Aun permaneciendo en el hogar, la mujer tiene el llamado a confrontar y no permitir el pecado. Si actúa como una eterna conciliadora, nunca tendrá la posibilidad de encontrar solución a su problema. Conciliar es el acto de componer y ajustar los ánimos de los que estaban opuestos entre sí. No obstante, es imposible conciliarse con una persona que tiene valores, estilos, gustos, anhelos y formas opuestas a quien intenta la conciliación. Quien actúa con tiranía, obvia las necesidades de los demás y no le interesa el bienestar integral de los que dice amar, nunca podrá conformarse a los deseos de otro.

Juntos a pesar de...

En segundo lugar, algunas personas eligen seguir juntas físicamente, pero divorciadas emocionalmente. Están casadas pero sus emociones no tienen vínculo alguno. Esta es una forma de soledad emocional. Quienes están bajo estas circunstancias viven en dos mundos. Tienen cercanía física solo por las circunstancias. Pero hay un abismo de separación emocional. Permanecer juntos a pesar de lo destructivo de la relación conyugal es determinar seguir sufriendo las terribles consecuencias de las relaciones enfermizas. Esto de ninguna manera es una solución, sino una forma de vivir que va destruyendo paulatinamente a la persona y que puede producir un terrible desgaste físico y emocional.

Dios creó el matrimonio con el propósito que exista comprensión y ayuda mutua. Los cónyuges deben amarse, respetarse y ayudarse para siempre. Cuando esto no ocurre, a pesar de la fortaleza que la persona tenga para aceptar lo erróneo, igual produce consecuencias dolorosas. La soledad, el permanente enojo y el resentimiento van carcomiendo la estabilidad emocional y crean situaciones de estrés que pueden producir no solo consecuencias emocionales sino aun enfermedades graves. Nadie que ame a su familia puede tener cuerpo sano y emociones saludables en un matrimonio enfermo.

Confrontar a pesar de...

La tercera opción que tiene una mujer en esta condición es confrontar la situación a pesar de las amenazas que quizás reciba y de los temores que experimente. De ninguna manera estoy aconsejando que en la confrontación la meta es el divorcio. Animo a las personas a enfrentar la situación con el propósito de identificar lo malo, corregirlo y vivir una relación saludable. La confrontación exige que salga lo que hay en el interior del individuo. Obliga a la evaluación y la discusión. El dolor, el espíritu de comprensión, la ira y los resentimientos acumulados saldrán a la luz al enfrentar el asunto. El propósito es terminar con el sufrimiento. En determinados casos, como resultado de la confrontación, uno o ambos cónyuges eligen el divorcio.

El divorcio llega a la vida conyugal por la dureza del corazón del hombre. Por lo tanto, entrar rápidamente al terreno del divorcio es un terrible error. El divorcio es un pecado, pero no es un pecado imperdonable. El divorcio es un camino saludable cuando existe una relación malsana donde uno o ambos cónyuges no está dispuesto o no tiene la capacidad de sanar.

Cuando se han intentado todos los caminos habidos y por haber y todos han llevado al fracaso, cuando el pecado ha destruido la relación matrimonial, cuando está en peligro la salud emocional o física de la persona, allí aparece la obligación de la confrontación que puede generar el divorcio. En ese momento la vía de escape a una relación destructiva o la vía de sanidad a una relación enferma es la del divorcio.

La confrontación

En verdad, esta es mi recomendación. No creo que es sabio que un hombre o una mujer siga sufriendo por su propia elección en vez de decidir confrontar radicalmente su situación. Es necesario que quien quiere vivir una vida plena, rompa los vínculos de tiranía que le están imponiendo. Es un craso error decidir no confrontar al cónyuge cuando este vive en el pecado. El pecado hay que confrontarlo. Con mayor razón cuando el que está en pecado es un ser querido y está afectando no solo su vida, sino también a su cónyuge y a sus hijos.

La confrontación es un camino duro, pero eficiente. No se puede recorrer sin tomar determinaciones radicales. Es erróneo que un cónyuge acepte demandas absurdas y que le involucren en el pecado. Una mujer cristiana no tiene por qué consentir el pecado de su esposo. Incluso está en peligro físico de contraer enfermedades si su marido vive en promiscuidad.

Hoy más que nunca vivimos tiempos peligrosos. La vida de una madre y sus hijos está en peligro cuando el cónyuge opta por mantener relaciones sexuales con una o varias mujeres fuera de su matrimonio. Un cónyuge nunca debe permitir la vida sexual de su pareja fuera del matrimonio. No importa que se trate de una mujer llamada amante, y en forma permanente, ni que de vez en cuando tenga sus escapadas sexuales, ni de que visite esporádicamente lugares de prostitución. Si ella acepta vivir en esas condiciones, no solo corre el peligro de contagios peligrosos, sino que la estarán destruyendo emocionalmente. Dios creó al hombre para que tenga un solo vínculo íntimo y no dos. Cualquier rebelión a estos principios divinos traerá terribles consecuencias emocionales al individuo y a todas las personas involucradas.

Sugerencias para la confrontación

Debido a que la confrontación es un proceso, es necesario que la persona que ha tomado la decisión radical de confrontar, siga algunas recomendaciones:

Enfrente al cónyuge con absoluta sinceridad. Será perjudicial si intenta seguir con juegos de manipulación que ha usado en el pasado. Evite las amenazas y demuestre que tiene dominio propio, que sabe lo que quiere y que tiene la determinación de cumplirlo a pesar de las consecuencias.

Actúe con autoridad. Usted es una persona con dignidad que está haciendo lo debido. Tiene derecho a ser enérgico, incluso a demostrar su desagrado, enojo y molestia cuando sea prudente. Mi consejo es que debe hablar y actuar con el más absoluto respeto, pero con la debida firmeza.

Busque personas que puedan apoyarle en el momento oportuno. Uno nunca sabe la forma en que va a reaccionar la otra persona. No cabe duda de que si el cónyuge no ha tomado la determinación de separarse ni de enfrentar el problema es porque se ha acomodado a la situación. Si ha dominado la relación conyugal, se sentirá amenazado. Quizás el temor a perder el poder o la oportunidad de seguir manipulando le motive a amenazar, intimidar o rechazar el plan que usted tiene. Por eso necesita apoyo.

La persona debe saber que quien lo está confrontando no está sola. Se le debe informar que está recibiendo consejería y que está dispuesta a recurrir a las autoridades policiales. Asimismo, debe decírsele que la familia está enterada de lo que ocurre. Por tanto, de esta manera le demostrará que no está sola.

Por lo general, quienes están actuando mal y requieren confrontación han manipulado la situación. A veces han intimidado, han tratado de aislar a su cónyuge y presionan para que nadie sepa lo que están viviendo. Este es el momento de demostrar que no permitirá que le manipulen y que no está desamparada totalmente. La iglesia puede jugar un papel fundamental en estos casos si el pastor tiene la preparación para orientar en esta necesidad y si la congregación tiene un programa de grupos de apoyo.

Sepárese físicamente lo antes posible. En definitiva, su determinación a confrontar se debe a que la situación es tan grave, que no puede evitarla. La confrontación exige dejar de hacer lo que están haciendo y dedicarse a atender el proceso.

Si usted tiene un conflicto en su relación comercial con algún proveedor, si se da cuenta que existen anormalidades en los productos o la facturación, dejará de consumir el producto. Evitará los pagos hasta que todo quede aclarado. De la misma manera ocurre en una relación conyugal enferma. Se deben detener de inmediato las acciones que niegan el mensaje que se entrega con las palabras. Si usted dice que quiere confrontar, que no acepta vivir con una persona que le engaña o que la maltrata y sigue manteniendo relaciones sexuales y cumpliendo su papel cuando la otra persona no lo cumple, su mensaje es doble. Sus palabras indican su rechazo y sus acciones comunican aprobación.

Cuando no existe peligro de violencia, quizás resulte provechosa la separación dentro de la casa. Sobre todo si se hace con el propósito de poner un plazo para enfrentar el problema. Si usted tiene la fortaleza de decir no a cualquier intento de acercamiento y si ha podido dominar el sentimiento de lástima, la separación dentro de la casa por un período limitado puede ser efectiva. Por lo general, lo más eficaz y apropiado es que uno de los cónyuges salga de la casa. La mujer nunca debe permitir que su esposo le saque a ella. Es el cónyuge infiel el que debe abandonar el hogar. Las excepciones a la regla son cuando la mujer está en peligro de ataques y cuando no tiene ninguna forma de seguir pagando el alquiler de la casa en que vive.

Busque ayuda legal. En una separación existen aspectos legales que desconoce la persona común. A veces algunos cónyuges cometen errores que más tarde les perjudican si su cónyuge determina actuar con hostilidad y llevar su caso a una confrontación legal. No es justo que pierda ninguno de sus derechos. Salir huyendo y comunicar que no quiere nada de la persona que tanto le ha perjudicado es una respuesta emocional de resentimiento e ira que no ayuda para sus planes futuros. Se necesita orientación para no cometer errores legales en el proceso.

Notifique a sus hijos cuál es la situación en que viven. Los hijos que tengan la suficiente edad para comprenderle deben saber qué está pasando. La intención no es atacar a su cónyuge ni utilizar a los hijos, sino simplemente entregarle la información apropiada y tanto como sea sabio y ellos puedan manejar. Ese es un gran momento para demostrar a los hijos que a pesar de los problemas serios usted actúa con sabiduría.

Mida la calidad de los cambios. Si ante la seriedad de la situación que está viviendo el cónyuge promete cambio, no debe aceptarlo a menos que este acepte someterse a un proceso de asesoramiento profesional formal. Con la ayuda del consejero y después de un serio análisis y tiempo prudencial de prueba, podrá determinar cuál es el momento oportuno para que se inicie una nueva relación interpersonal o si en realidad no existen cambios que justifiquen un reencuentro.

Busque el apoyo de cristianos. Es importante que busque el apoyo de amigos cristianos y del pastor a fin de que le ayuden intercediendo por usted en oración. No necesita revelar detalles de lo que vive, aunque debe ser específica en su necesidad.

Busque protección. Si su cónyuge decide actuar con violencia, debe buscar inmediatamente protección de la familia, la iglesia e incluso protección policial.

El porqué de estos consejos

Al darle estos consejos, de ninguna manera les animo a buscar el divorcio por cualquier móvil. Estas son sugerencias para las personas que viven situaciones terriblemente conflictivas y que por el bienestar de los cónyuges y sus hijos deben tomar acciones sabias inmediatamente.

No es mi interés motivar a las personas que sufren a tomar decisiones rápidas. Una determinación tan importante como esta requiere el consejo profesional y bíblico que le ayudará a determinar si su relación conyugal en verdad debe enfrentarse de esta manera. Su estado debe estar dentro de las causales que mencionan las Escrituras. Tanto su motivación como el proceso deben demostrar que usted es una persona que no solo habla de su fe sino que la vive.

Capítulo 4

Concesión divina para aliviar una tragedia humana

El divorcio es producto de las ideas humanas y rompe el ideal divino para el matrimonio. Sin embargo, cuando este ocurre dentro de las excepciones que menciona la Biblia, es una cirugía indispensable para una relación matrimonial que tenía una enfermedad humanamente incurable.

NUNCA ESTARÉ DE ACUERDO con las corrientes que abogan por el divorcio. Toda brecha que se intente abrir en los límites perfectos que Dios estableció y que abra una puerta que motive el divorcio, no solo pone en peligro la integridad de la familia, sino que abre frentes de destrucción que afectarán directamente a la disposición mental, sicológica y sociológica de las nuevas generaciones. Aliarse a los que promulgan un divorcio fácil significa apoyar un libertinaje no establecido por la verdad divina.

Por otro lado, tampoco actuaríamos de acuerdo a la gracia de Dios si negamos una vía de escape a quienes sufren realidades que exigen el divorcio por los serios conflictos que son parte de esa relación conyugal enferma. Creo que en estos casos excepcionales, el divorcio se convierte en un medio de restauración de la persona para que comience a actuar con mayor normalidad en medio de su familia y la sociedad.

Esta concesión divina está al alcance de los que sufren una tragedia humana en sus matrimonios. Esto no significa que van a abusar de ella quienes no desean cumplir su compromiso de amar a una persona hasta que la muerte los separe.

La declaración que aparece en Mateo 19.6, «lo que Dios juntó, no lo separe el hombre», es una gran verdad. Expresa el ideal de Dios para el matrimonio y la meta que toda pareja debe esforzarse por alcanzar. Aunque es lamentable que en la práctica muchos han abusado de esta declaración divina y la han usado fuera de su contexto.

Creo firmemente que la indisolubilidad es la meta divina para el matrimonio. Este es un ideal que corresponde a las normas perfectas del evangelio, que debe ser el eje motivador de todo matrimonio y el motor que mueve los días oscuros por los que pasa la realidad matrimonial. Sin embargo, este ideal, esta regla, igual que todas las demás normas éticas establecidas o no por Dios, desgraciadamente pueden romperse.

La Biblia de ninguna manera anima ni apoya las corrientes en pro del divorcio. La indisolubilidad del matrimonio es la declaración de la buena voluntad de Dios para la pareja. Esto sin duda representa la definición del matrimonio de la forma en que lo quiere Dios, en su más alto grado de perfección y como único modelo para la pareja humana.

La declaración que dice: «Lo que Dios juntó, no lo separe el hombre», no es un simple enunciado. Sin duda es un mandamiento. Es el plan, el ideal de Dios para el matrimonio. Es la revelación de una ley moral, tal como lo son: «no matarás», «no cometerás adulterio», «no codiciarás», etc. No cabe duda alguna que la indisolubilidad es la expresión de la voluntad divina para nuestra felicidad conyugal.

La práctica del amor genuino que nos permite perdonar, que nos incita a ayudar, que da, que reconcilia, sigue y seguirá siendo el único camino para la satisfacción plena de la persona y de la pareja.

La intención de Dios con Adán y Eva en el huerto del Edén, antes que pecaran, era que el hombre tuviera una mujer y viviera con ella en una relación monógama de amor y aprecio. Después del pecado ni la intención, ni los planes de Dios cambiaron. Lo que sí cambió fue el corazón humano. Los hombres poseemos una naturaleza pecaminosa que constantemente intenta alejarnos de los principios divinos. Moisés, en Génesis, y el propio Jesucristo, en Mateo 19.8, demuestran que el pensamiento original fue: «Un hombre con una mujer, unidos para siempre».

Debemos recordar que en el principio el pecado todavía no estaba presente y el mismo Señor declara que entonces esto no era así. Dios no planificó el divorcio, sino que se debió al pecaminoso corazón humano. Jesucristo dice que en el principio no existía el «divorcio».

Según Génesis 5.1-2, el hombre que Dios creó no estaba contaminado, pues estaba formado a la imagen y semejanza de Él. Lo que marca la diferencia es la caída del hombre en el pecado. En el versículo 3 nos muestra que aquel hombre creado a imagen y semejanza de Dios procrea un hijo conforme a su semejanza (a la de Adán). Allí se inicia el proceso mediante el cual el pecado invadió el género humano y trajo terribles consecuencias. Aunque el hombre sigue teniendo la imagen de Dios, se agrega a ella la del hombre. Imagen que impactó en todos y cada uno de los seres humanos. Todas las familias, ciudades y naciones de la tierra han sufrido las consecuencias.

LAS ENSEÑANZAS DE JESUCRISTO

Las enseñanzas de Jesucristo son fundamentales. Es indispensable que las analicemos a fin de comprender la enseñanza bíblica sobre el divorcio. Las referencias que hizo Jesucristo a este tema aparecen en cuatro pasajes en los Evangelios. Aunque para el lector común estos versículos podrían indicar una contradicción en sus enseñanzas, quienes analizamos profundamente sus palabras nos damos cuenta que se usan en diferentes contextos y con distintos propósitos.

En Lucas 16 y Marcos 10, Jesucristo se refiere al ideal del matrimonio. Mientras que en Mateo 19 enseña sobre la regla de excepción a la permanencia conyugal.

Si queremos conocer con sinceridad el punto de vista de Jesucristo concerniente al tema del divorcio, necesitamos hacer un profundo y sincero análisis de sus enseñanzas. Jesucristo anuncia que Él vino para cumplir la Ley. La explica de la única manera en que debe hacerse, es decir, completa y acertadamente. Solo Jesucristo podía comprender la revelación divina a la perfección, y solamente Él podía exponer la realidad de las Escrituras con verdad y gracia.

No debemos olvidar que los escribas y los fariseos veían a la Ley como el modelo de grandeza espiritual o la manera absoluta de entablar una buena relación con Dios. Es precisamente para ellos, para estos que más exigían el respeto a la Ley, que Jesucristo tiene una severa advertencia. Les dice con firmeza y claridad que todos los que intentan acercarse a Dios por la vía de la Ley debían cumplirla íntegramente. Demos entonces una mirada a los principios que Jesucristo enseñó al explicar los ideales de la Ley Mosaica.

Al estudiar el pasaje entenderá que Jesús va a la raíz del problema. Analiza cada tema con mayor profundidad que los mismos intérpretes de la Ley. En nuestro análisis creo que es importante analizar qué ocurre en el capítulo 5 de Mateo, en el conocido Sermón del Monte. Aquí vemos al Señor dedicando tiempo para hablar con sus discípulos sobre algunos temas que considera muy importantes.

Los herederos del Reino

En los versículos 1 al 12 se habla del carácter de quienes heredarán el Reino de Dios. A estos se les llama bienaventurados por las bendiciones que heredarán, pues tienen a su disposición las deseables cualidades de delicia, contentamiento y satisfacción. Note que no son bendiciones ganadas, sino heredadas. No nos enseña que toda persona que demuestre misericordia, ni que llore será heredero del reino. En cambio dice que a los que tienen el llamado de ser hijos de Dios, mediante el Espíritu Santo, reciben la capacidad de tener ese carácter y por la elección divina soberana heredarán el reino de Dios.

En los versículos 13 al 16 les presenta el llamado y la posición que tenían en el mundo. El Espíritu Santo que vendría continuaría la obra de Jesucristo y formaría en los creyentes el carácter de Cristo. En estos versículos existe un claro llamamiento para que los ciudadanos del reino sean luz y sal en el mundo. Nuestro mundo va camino al infierno. Juan dice que nosotros «somos de Dios y el mundo entero está bajo el maligno» (1 Juan 5.19). Los caminos del mundo son el reverso de los caminos de Dios y nosotros tenemos el llamado a influir de manera que se logren resultados sin el ejercicio visible de nuestras fuerzas ni de nuestros mandamientos.

Tragedias humanas

Los discípulos de Cristo debemos mover el salero y prender los focos de testimonio. Debemos realizar buenas obras debido a la salvación que recibimos. Como personas salvadas debemos luchar contra la gran tragedia llamada pecado. Jesucristo en forma magistral describe las tres más grandes tragedias humanas. El asesinato que destruye a otros humanos, el adulterio que destruye la relación de intimidad y el divorcio que destruye la relación conyugal.

Asesinato. En primer lugar, Jesucristo menciona que una de las grandes tragedias humanas, que rompía el ideal divino y que impedía que los hombres vivieran en un ambiente de aceptación, ayuda mutua y amor, era la violencia producto de la ira. Menciona directamente el asesinato (Mateo 5.21-22). Acto que va en contra del ideal divino para las relaciones interpersonales.

Aunque tristemente el asesinato fue y forma parte de la sociedad, Jesucristo presenta su rechazo a esa forma de relacionarse. Les enseña que siempre y en toda circunstancias es malo y traerá juicio. La Ley tipifica la acción errónea (versículo 21). Sin embargo, Jesucristo también saca a relucir la actitud errónea que se demuestra en la ira pecaminosa (versículo 22). Les advirtió que el asesinato no solo se lleva a cabo con un arma, que no es una simple acción. Antes de llevarse a cabo, el asesinato comienza en el pensamiento, en el corazón. Jesucristo enseña que incluso se mata con el pensamiento. Exhortó a sus seguidores que, para evitar cometer este pecado siempre que adoran a Dios, examinen su vida y traten de resolver sus diferencias con sus semejantes antes que estas se agranden al punto de moverles hacia la ira.

Adulterio. En segundo lugar, y pensando en otro acto que rompe el propósito original de Dios, Jesucristo habla del adulterio (versículos 27 y 28). Les muestra el contraste existente entre la interpretación de la Ley que habían escuchado y su propia interpretación que es mucho más profunda. Jesucristo dice que no solo el acto real de adulterio es condenable, sino que el pensamiento es tan condenable como la acción.

El adulterio rompe el ideal divino de que un hombre y una mujer vivan en una relación fiel y monógama. Exhortó a sus seguidores que luchen contra ese pecado desde el momento que nace en sus mentes y que no hagan provisión para que este se materialice en acciones pecaminosas. Jesucristo les enseñó que no debían buscar oportunidades para que los miembros de su cuerpo, que tiene una naturaleza pecaminosa, anhelen llegar al adulterio. Que eviten toda ocasión en que su cuerpo tenga la oportunidad de estar en el ambiente propicio para pecar. Jesús sabía que sus discípulos no podrían evitar que existieran lugares, circunstancias y personas que propiciarían las condiciones ideales de exponerlos a esas oportunidades. La exhortación es que debemos cortar toda posibilidad que nuestro cuerpo anhele el pecado y para ello debemos evitar las situaciones y personas pecaminosas.

Al mencionar la actitud, Jesucristo no nos habla del simple hecho de mirar a una persona del sexo opuesto, sino de hacerlo con intención lujuriosa. Nosotros podemos promover una necesidad lujuriosa. Podemos usar nuestras manos o permitir que nuestros pies nos lleven a lugares donde nuestra tentación se intensifique. Por eso debemos evitar las acciones, los pensamientos, las palabras que estimulan los sentimientos de seducción y sensualidad dentro de nosotros. Cuando nos movemos a terrenos de mayor seducción y miramos para promover la lujuria, o tocamos para estimularla, estamos realizando acciones ilícitas en el campo sexual.

Divorcio. En tercer lugar Jesucristo habla del divorcio que es otro acto que rompe el ideal establecido por Dios, esta vez en el ámbito del matrimonio. El ideal divino es la permanencia de un hombre y una mujer en un compromiso matrimonial hasta la muerte. En su explicación les demuestra que la interpretación de ellos es limitada, al igual que interpretaciones anteriores. Jesucristo les demuestra que también en este caso su interpretación es mucho más profunda que la de ellos.

Una vez más Jesucristo ve la realidad y les explica que de la misma manera que por el pecado del hombre y la dureza de su corazón existe el asesinato y el adulterio, también existe el divorcio. Jesucristo exhorta a sus seguidores que no debían imitar el estilo de vida de los escribas y los fariseos que pregonaban que se podían divorciar por cualquier causa. Jesucristo dice que no solo comete pecado de adulterio quien se involucra en una relación ilícita con otra mujer, sino también quien abandona a su mujer por una causa que no sea el adulterio que Él con anterioridad había condenado.

Propósito de las enseñanzas de Jesús

En los pasajes analizados, los casos de adulterio y asesinato son pecados por los que opta el individuo. Por tanto, se deben sufrir las consecuencias. En el caso del divorcio, junto con condenar a la parte culpable del adulterio, ofrece una oportunidad de restauración al cónyuge inocente. El Señor analiza mucho más profundamente esta situación y sin duda nos da sus pautas al respecto. Brinda, a la persona obligada a convivir con un cónyuge que mantiene relaciones adúlteras, una oportunidad de liberarse de la esclavitud.

Estas afirmaciones son muy importantes. Tanto, que merecen un serio análisis. Observemos algunas verdades fundamentales:

- Es fácil establecer que quien habla en este pasaje es Jesucristo.
- Jesucristo se refiere en este mismo pasaje a tres temas distintos, es decir, el asesinato, el adulterio y el divorcio.
- Jesucristo se está refiriendo a la Ley.
- Ninguna de las afirmaciones de Jesucristo es menos importante que la otra.
- Todos los comentarios y todas las implicaciones que Jesucristo agregó a la interpretación que realizaban los fariseos, tenían el mismo nivel de importancia.

Estas y otras enseñanzas de Jesucristo sobre el tema son el fundamento para una buena interpretación que encontramos en cuatro pasajes de los Evangelios. No obstante, obtenemos más luz en el pasaje de Mateo 19.

La interrogante que se nos presenta es la siguiente: ¿Tuvo Jesucristo el propósito de incorporar a la Ley estas implicaciones tan profundas? ¿Deseaba que la Ley condenara a las personas no solo por las acciones sino también por sus pensamientos? Examinemos esto por un momento.

Las afirmaciones del Señor deja una seria interrogante en sus interlocutores: ¿Qué legislación podía tratar con los pensamientos, motivos o deseos ocultos del hombre? Por supuesto que no existía legislación posible, ni tampoco Jesucristo pretendía crear una que les permitiera condenar el pensamiento.

Es imposible tener bases para condenar lo que no puede verse. ¿Cómo condenar si las acciones no se ven? ¿Cómo condenar los pensamientos y motivaciones que están en lo más profundo del corazón si no se observan las acciones?

Debido a ello, es razonable concluir que lo que Jesucristo añadió acerca del asesinato y el adulterio nunca lo hizo con el propósito de incorporarlo al código social y legal del pueblo de Israel. Jesús no intentaba reglamentar de que si alguien se airaba con su hermano, debía ser culpable de la pena capital. Ni mucho menos que se debía apedrear hasta la muerte a la persona que tenía pensamientos inmorales por cometer un adulterio mental.

La pregunta que se nos presenta entonces es esta: ¿Por qué Jesucristo realizó estos comentarios? Sin duda, estará de acuerdo conmigo en que Jesucristo no intentaba rechazar la Ley ni tampoco crear algo nuevo que añadirle. Esa no era su intención. Más bien quería expresar su punto de vista sobre la responsabilidad y la actitud que debían tener todos los que se enfrentaran a semejantes situaciones.

JESUCRISTO Y LAS ENSEÑANZAS DE LA LEY

Lo que dictaminó Jesucristo con respecto al divorcio y el nuevo casamiento y los comentarios que realizó están relacionados con el certificado de divorcio que conocían los judíos en su época.

Recordemos que Jesucristo rechazó los mandamientos de la Ley que decían: «Ojo por ojo, y diente por diente». En cambio, tanto con su ejemplo como con sus palabras, animó a que los miembros de la familia cristiana actuaran con gracia, misericordia y amor. Es muy significativo el hecho que no condenara el divorcio por adulterio a pesar de que podía hacerlo tal como lo hizo con la práctica del «ojo por ojo, y diente por diente».

Cuando hablamos del tema del divorcio y de la posibilidad que tiene una persona de volverse a casar, debemos investigar tanto lo que la Ley dice, así como lo que la gracia permite a las personas que se encuentran en este tipo de tragedia.

Una pregunta que resulta válida es la siguiente: ¿Podemos solamente condenar a una persona sin buscar su restauración y aun así decir que imitamos el ejemplo de Jesucristo? De ninguna manera. El pecador arrepentido debe ser restaurado. Entonces, la pregunta sería: ¿Cuál es el camino bíblico para hacerlo? Para responder sabiamente como cristianos a una realidad tan dolorosa, debemos hacer un análisis de la Palabra del Señor. Debemos no solo analizar los mandatos de la Ley en el Antiguo Testamento, sino también las enseñanzas que aparecen en el Nuevo Testamento. Además, es indispensable realizar un profundo estudio de todo el concepto de la gracia para comprender las enseñanzas bíblicas sobre este tema del divorcio. Para ello, debemos estudiar algunas palabras clave que nos ayudarán a entender las enseñanzas de Jesús.

¿A quién se considera un adúltero?

Notemos lo que dice Lucas capítulo 16 versículo 18:

> Todo el que repudia a su mujer, y se casa con otra, adultera; y el que se casa con la repudiada del marido, adultera.

¿Es este versículo un indicativo de que todas las personas que se vuelven a casar están adulterando? ¿Significa esto que tendrán que vivir para siempre en constante pecado y como consecuencia se les prohibirá el servicio o comunión en la Iglesia de Jesucristo?

Debo reconocer que durante años estos versículos impactaron profundamente mi vida porque todas las respuestas a estas preguntas eran un legalista «Sí». También debo reconocer con dolor, que por años mi posición fue legalista y falta de gracia. Una de las razones que tenía para actuar así era que personalmente no había dedicado el tiempo necesario para estudiar en serio el tema y llegar a mi propia conclusión. Me arrepiento por haber asumido una actitud muy diferente a la de Jesucristo. Fueron muchos los años que condené al que sufría por su divorcio, a pesar de que algunos de ellos estaban arrepentidos de los pecados cometidos y anhelaban la restauración de su vida. Me duele no haber actuado con gracia con aquel que quería cambiar de vida, sobre todo porque en la práctica le impedía su restauración.

De ninguna manera quiero comunicar que ahora mi posición es de apoyar a todos los que quieran destruir sus familias y que irresponsablemente tratan de iniciar otra relación conyugal que tal vez terminará de la misma manera. Debe quedar bien claro que mi intención no es ser más bueno que Jesucristo ni traspasar sus límites. El Señor me libre de eso. No intento apoyar a quienes buscan separarse aun inventándose problemas o creándolos para satisfacer su pecaminosidad. No estoy de acuerdo con quienes no quieren perdonar al cónyuge que ha pecado y que desea su restauración, ni con quienes quieren divorciarse por incompatibilidad de caracteres. Esas son acciones que he condenado y seguiré condenando mientras viva porque el Señor las condena. Digo un rotundo «no» a los que abogan por el divorcio y un rotundo «sí» a quienes condenan el pecado, aman al pecador y ofrecen la gracia restauradora de Dios.

¿Es lícito volverse a casar?

La inadecuada interpretación que antiguamente realizaba de la exhortación de Pablo en 1 Timoteo 3.2, también por momentos corroboró mis actitudes legalistas. El apóstol dice:

> Y es necesario que el obispo sea irreprensible, marido de una sola mujer.

Mi posición era similar a la que todavía sostienen respetables eruditos en el estudio de la Biblia. No aceptaba en ningún caso que una persona se volviera a casar y mucho menos podía aceptar que al hacerlo esa persona pudiera tener la posibilidad de ministrar.

¿Debemos acatar la Ley?

Todavía una mayor interrogante dejaba en mi mente el pasaje de Lucas 16.16-17:

> La ley y los profetas eran hasta Juan; desde entonces el reino de Dios es anunciado, y todos se esfuerzan por entrar en él. Pero más fácil es que pasen el cielo y la tierra, que se frustre una tilde de la ley.

Por muchos años pensé que estos dos versículos, que preceden a la enseñanza de Jesucristo sobre el divorcio y que aparece en el versículo 18, decían que esa ley debía mantenerse. Mi conclusión era lógica. Creía que todo aquel que se volvía a casar estaba en adulterio.

¿Qué establece la Ley?

Al analizar lo que establece la Ley, me percaté de una serie de conceptos que tenía el pueblo de Dios de la época. Todos los judíos creían que era legal divorciarse. Las diferencias radicaban en las causas por las que se permitía el divorcio. Aun más, para ellos el divorcio implicaba la posibilidad de un nuevo matrimonio.

Para estudiar lo que dice la Ley de Moisés, debemos leer Deuteronomio 24.1,2 que es uno de los pasajes clave:

> Cuando alguno tomare mujer y se casare con ella, si no le agradare por haber hallado en ella alguna cosa indecente, le escribirá carta de divorcio, y se la entregará en su mano, y la despedirá de su casa. Y salida de su casa, podrá ir y casarse con otro hombre.

Examinemos un poco la forma en que Jesús trató tan delicado tema. En el Evangelio según Marcos capítulo 10 encontramos uno de los acostumbrados diálogos entre los fariseos y Jesucristo. El versículo 2 describe la intención de estos hombres:

> Y se acercaron los fariseos y le preguntaron, para tentarle, si era lícito al marido repudiar a su mujer.

La respuesta de Jesucristo es una pregunta que aparece en el versículo 3:

> ¿Qué os mandó Moisés?

Obviamente el intento de Jesucristo era llevarles a la Ley. Los fariseos respondieron en el versículo 4:

> Moisés permitió dar carta de divorcio, y repudiarla.

Jesucristo se dirige a los fariseos que hicieron la pregunta para que ellos mismos fueran los que analizaran lo que decía la Ley. Esta porción que Jesús quería que se investigara se encuentra en el pasaje que leímos en Deuteronomio 24.1,2.

Por lo general, con el solo hecho de tratar de interpretar lo que dice la Ley y de sugerir cómo debe aplicarse en nuestros días, tendremos mucho debate. De ahí que sea necesario realizar una profunda investigación de ella para entenderla en su contexto cultural y nacional a fin de poder asimilar lo que Jesucristo enseñaba.

Tampoco debemos descuidar lo que la Palabra de Dios nos enseña con respecto a la gracia y la verdad que vino junto con la llegada de Jesucristo (Juan 1.17). Podemos ver ejemplos muy claros en los que notamos que Jesucristo trajo una nueva enseñanza que no solo comunicó con sus palabras, sino también modeló con su estilo de vida.

Regulaciones de la Ley sobre el divorcio

Haciendo un estudio de Deuteronomio 24, que es el pasaje que expone la ley donde aparece esta regulación sobre el divorcio, notamos algunas cosas importantes que debemos considerar. En este pasaje descubrimos lo que la Ley establecía en cuanto al divorcio. Este es el texto al que se refieren los fariseos cuando le preguntan a Jesús sobre el divorcio en Mateo 19.

Observe algunas conclusiones que se desprenden al observar este texto:

No se prohíbe el divorcio

La Ley no prohíbe el divorcio, más bien lo reconoce y establece reglamentos de cómo debe efectuarse.

Incluso, note que a quien se divorcia no se le pide que lleve ningún sacrificio al tabernáculo para tener una relación adecuada con Dios. En este pasaje no se prohíbe el divorcio, sino que se reglamenta.

La Ley certifica la causa del divorcio

El pasaje dice literalmente: «Por haber hallado en ella alguna cosa indecente» (en el original dice: «por cualquier cosa»). Esto no necesariamente se refiere al adulterio ni a las relaciones prematrimoniales porque la Ley penaba estos pecados con la muerte, según Deuteronomio 22.

Es difícil entender qué incluye; pero sin duda pueden considerarse cosas indecentes las que se relacionan con desviaciones sexuales. También podemos incluir el trato destructivo que incluye acciones indecentes que demuestran que no existe un deseo de cambio en la persona. Creo que estas causas están bien establecidas en el Nuevo Testamento donde encontramos explicaciones acerca de las condiciones para el divorcio legítimo.

Establece el procedimiento que debe seguirse

En los casos en que el divorcio era inevitable, se especifican claramente los pasos a seguir:

Se debía escribir una carta de divorcio. La función de esta carta era entregar a la mujer un documento que certificara que era libre y que podía casarse con otro hombre sin peligro de que la acusaran de adulterio. Si se casaba sin tener una carta de divorcio, cometía adulterio y recuerde que eso significaba la muerte.

Esta ley impedía que el hombre jugara con la mujer. Muchos se separaban simplemente para dejarla como una repudiada sin darle carta de divorcio. En muchos casos el hombre maltrataba a la mujer y la buscaba cada vez que quería tener relaciones sexuales. La mujer, por lo tanto, estaba sometida a un estado de esclavitud, de abandono, como dice la definición de la palabra *shalach*.

El hombre debía despedir a la esposa de la casa. El hecho de que al darle carta de divorcio el hombre debía despedirla de la casa es otra muestra tangible del final de la relación. Debía terminar dicha relación interpersonal y ella abandonaba la casa con su carta de divorcio quedando libre de su compromiso.

Entre muchas otras cosas, la Palabra del Señor nunca deja de asombrarme por su excelente equilibrio. Aun en este tema tan emocional como es el divorcio, descubro que la Palabra de Dios otorga con mucha sabiduría la mejor salida sin irse a ningún extremo perjudicial. Notamos con claridad que no tienen apoyo bíblico quienes creen que solamente porque son cristianos deben permanecer toda la vida bajo el maltrato. No existe apoyo escritural para soportar con paciencia el adulterio de un cónyuge. En ese caso, en vez de presionarlo a que decida con quién se va a quedar, le anima a seguir jugando con sus dos relaciones.

Si alguien encuentra apoyo en los pasajes que hablan de la sumisión de la mujer para aconsejar la permanencia sin confrontar y solo orando, tiene una interpretación limitada y equivocada de este concepto. Por supuesto, tampoco encuentro que la Biblia promueve el divorcio. También se equivoca quien interpreta así el mensaje divino.

Si investiga con cuidado las enseñanzas de Pablo, se dará cuenta de su posición. Recuerde que el apóstol tiene un buen equilibrio y piensa en las personas que después de buscar las más excelente soluciones descubre que es imposible seguir soportando esa relación. Este excelente equilibrio se percibe en que Pablo, dirigido por el Espíritu Santo, piensa en un tiempo importante de una relación conyugal conflictiva. Me refiero al período que existe desde que la persona cree que la situación del hogar es incontrolable e insoportable y debe divorciarse, y el momento en que esto realmente ocurre. En ese período de total decepción, confrontación y divorcio, las enseñanzas de Pablo nos muestran que existe una opción intermedia. Existe un período muy importante y decisivo entre la unión en un matrimonio destructivo y el divorcio. A ese período el apóstol lo llama separación.

En este proceso como en cualquier otro puede haber manipulación. En muchas oportunidades, al aconsejar, me he dado cuenta que algunos cónyuges creen que con el simple hecho de separarse por un tiempo, sus problemas tendrán solución.

Alejandro y Celestina habían pasado por tres períodos de separación. En cada uno de ellos intentaban lo mismo. Querían reencontrarse y reflexionar para determinar si debían continuar su relación conyugal. En cada período ocurría lo mismo. Se separaban molestos y dispuestos a terminar con todo. Después estaban dispuestos a hacerlo por un par de meses. Luego venía un período de temor e indecisión. Allí comenzaban a extrañarse y deseaban volver. Luchaban por cierto tiempo y luego poco a poco volvían a juntarse. El resultado era siempre el mismo.

Los primeros días de la nueva relación eran interesantes. Sobre todo en la última vez. La separación se prolongó ocho meses y no habían tenido relaciones sexuales como en las oportunidades anteriores. Además, tenían el consejo de su pastor que les ministró espiritualmente durante este tiempo.

Hablaron de sus problemas con el pastor y oraron juntos. Sin embargo, no recibieron consejos técnicos de cómo enfrentar los conflictos. En respuesta al consejo pastoral volvieron después de un retiro matrimonial donde planificaron una luna de miel. Durante quince días vivieron experiencias lindas. Pero, como era lógico, debido a que los problemas no se habían resuelto, una vez más volvieron al sistema destructivo de su relación conyugal.

Así como ellos, muchos otros han buscado mi asesoramiento en las mismas condiciones. Decepcionados de sus intentos de arreglo por medio de la separación. Creían que estando separados, tendrían tiempo de reflexionar, poner en orden sus pensamientos y luego continuar la relación con normalidad.

Debo admitir que en muy pocos casos una separación sin planes ni metas que cumplir y sin la dirección profesional adecuada, tuvo éxito. El tiempo de separación sugerido y dirigido por un consejero puede convertirse en una excelente herramienta. Este incluye tareas que cumplir para lograr el propósito común: la sanidad de cada cónyuge y de la relación conyugal. Además, se delimitarán los términos. Se valorará si la relación matrimonial tendrá posibilidades de ser saludable o si se tendrán las pruebas que demuestren la necesidad del divorcio.

Esta enseñanza sobre la separación se encuentra en el Nuevo Testamento en 1 Corintios 7.10-11. Podemos concluir que entre cristianos, el apóstol ve la separación como un medio para lograr un buen fin. Pero la separación debe realizarse bajo asesoramiento que permita mostrar el propósito por el que se realiza y donde se establezcan formas de evaluar el progreso en los aspectos de conflicto.

La mujer podía volverse a casar. El versículo dice: «Podrá ir y casarse con otro hombre». Esta declaración demuestra a las claras que este procedimiento daba la libertad a la persona de volverse a casar. No existe ninguna indicación que el volverse a casar se haya considerado una acción pecaminosa. Más bien se aceptaba como algo normal. Recuerde una vez más que la mujer no tenía posibilidad de subsistir sin la protección de un hombre. Su padre o esposo debía sostenerla. Ella podía volverse a casar y así encontrar otra fuente de sostenimiento y apoyo.

A la mujer se le prohíbe volver a su primer esposo, aun después de la muerte de su segundo marido porque el antiguo vínculo estaba roto. El pasaje considera que la mujer no debía volver a su antiguo marido y si ella lo hacía, ese acto era declarado como una «abominación delante del Señor».

> Pero si la aborreciere este último [el segundo hombre, es decir, con quien se casó después que recibió la carta de divorcio de su marido], y le escribiere carta de divorcio, y se la entregare en su mano, y la despidiere de su casa; o si hubiere muerto el postrer hombre que la tomó por mujer, no podrá su primer marido, que la despidió, volverla a tomar para que sea su mujer (Deuteronomio 24.3,4).

Además, este acto se considera una perversión cuando agrega: «Y no has de pervertir la tierra que Jehová tu Dios te da por heredad». Esta es una prohibición bastante fuerte, una oposición absoluta a que la mujer vuelva a entablar un nuevo vínculo con el anterior marido cuando ya había existido el divorcio. Sea que el nuevo marido haya muerto o le haya dado carta de divorcio, la mujer no podía volver a su antiguo marido.

COSTUMBRES Y VIDA SOCIAL EN ISRAEL

No entendemos muy bien las costumbres de esta nación en los tiempos bíblicos porque no solo está a miles de kilómetros de nosotros, sino porque tuvo una cultura e idioma diferentes y sus costumbres distan miles de años de la época en que vivimos. Por eso es necesario que analicemos la situación y las costumbres de esa época.

Matrimonio

A fin de realizar un estudio a conciencia es necesario hacer una investigación de lo que ocurría con el pueblo de Dios en el Antiguo Testamento. No podemos entender la razón de la inclusión del comentario sobre el divorcio sin analizar la situación de la relación conyugal en aquella época.

Los hombres y las mujeres que Dios escogió para ser una nación santa, distinta a las demás que le rodeaban, poco a poco fueron perdiendo su distinción. Abandonaron su deber de ser un pueblo distinto al realizar matrimonios mixtos. Judíos y gentiles se mezclaron al unirse en matrimonios, a pesar de la clara y expresa prohibición de Dios. Este era un acto de desobediencia de las expresas directrices divina. Obviamente eso debía corregirse.

Debido a ello y otras razones que analizaremos más adelante, a Moisés se le dio la autoridad para que permitiera que en determinadas circunstancias se otorgara carta de divorcio (Deuteronomio 24.1-4). Esta no era una ley necesaria para reglamentar la buena conducta del pueblo, sino más bien una concesión divina para enmendar actos inadecuados debido a la rebeldía de la gente.

Jesús afirma que esta concesión divina se realizó «por la dureza de ... corazón». Dios no cambió sus planes para el matrimonio. No abrió una puerta para que cualquiera y por cualquier motivo abandonara a su cónyuge. No estableció un nuevo sistema para la familia.

Pensando en cómo ilustrar un poco la situación de la nación, se me ocurrió que Dios miraba a su pueblo como un padre mira a sus hijos. Suponga que usted tiene dos hijos adolescentes que conocen muy bien las reglas del hogar. Saben que no deben tratarse inadecuadamente y que deben vivir en paz, respeto y armonía. Sin embargo, por alguna razón se atacan incluso físicamente. Suponga que a pesar de todas las recriminaciones, los consejos y las advertencias que reciben, persisten en su mal comportamiento, provocando un serio peligro para ellos y el resto de la familia. Suponga que la situación alcanza niveles insoportables y usted decide que uno de ellos debe abandonar el hogar. Su decisión la tomó con el fin de evitar una tragedia y no para destruir la familia, ni mucho menos con el propósito de cambiar sus principios.

De la misma manera la concesión divina ante el pecado humano no tenía la intención de destruir los principios de la familia, sino presentar una salida a los matrimonios que debido a la dureza del corazón de uno o ambos cónyuges corrían el peligro de destruir sus vidas.

Repudio vs. carta de divorcio

En su libro: *La Vida y Obra*, Flavio Josefo, que fue un gran historiador que vivió en los tiempos de Jesucristo, escribe una paráfrasis que nos ilustra bien esta ley de Deuteronomio 24. Él dice:

> Aquel que desea divorciarse de su esposa por cualquiera causa, déle en un documento escrito la seguridad de que nunca volverá a usarla como su esposa. De esta manera ella puede tener la libertad de casarse con otro esposo, porque antes de que esta carta de divorcio sea entregada, ella no tiene el permiso para hacerlo.

Esta descripción de Flavio Josefo nos comunica que la mala costumbre de dar carta de divorcio por cualquier causa todavía era una realidad en el tiempo de Jesucristo.

Para saber lo que Dios piensa de esta situación que ocurría y que aún ocurre en la vida de los seres humanos, y para saber si Él alguna vez otorgó un divorcio, debemos realizar una investigación bíblica. Esta nos confirmará que Dios trató con severidad el adulterio de su pueblo. Sin embargo, también concluiremos que la Biblia registra un divorcio en el que Dios actúa. Analicemos lo ocurrido:

> Me dijo Jehová en días del rey Josías: ¿Has visto lo que ha hecho la rebelde Israel? Ella se va sobre todo monte alto y debajo de todo árbol frondoso, y allí fornica. Y dije: Después

> de hacer todo esto, se volverá a mí; pero no se volvió, y lo vio su hermana la rebelde Judá. Ella vio que por haber fornicado la rebelde Israel, *yo la había despedido y dado carta de repudio*; pero no tuvo temor la rebelde Judá su hermana, sino que también fue ella y fornicó (Jeremías 3.6-8, cursivas añadidas).

¿Qué nos explica Jeremías en este pasaje? Muestra que Dios advierte a Judá que se va a meter en problemas. A la nación de Israel ya la habían llevado cautiva y Judá por su pecado iba rumbo a la misma dirección. Sufrirían las mismas consecuencias. Dios le dijo a Jeremías que advirtiera a Judá que ya había sido testigo de la infidelidad de su hermana Israel y que había visto cómo Dios le dio carta de divorcio. Dios repudió a la nación de Israel; pero aun así su hermana Judá no escarmentó y fornicó.

De ninguna manera quiero decir que según este pasaje Dios es el que realiza los divorcios. Por supuesto que no. Pero sí quiero establecer que Él aplicó la misma ley de Deuteronomio 24 para mostrar lo que hizo en el caso del adulterio de Israel.

Para entender una de las razones que tuvo Dios para hacer una concesión a quienes optaban por el divorcio en ciertas circunstancias debemos entender la debilidad humana que provocó el mandato de Moisés. El pecado del hombre había llegado a extremos en que no había salida al enredo en que se habían metido.

La historia nos relata que los grandes hombres de Dios de la antigüedad no solo se casaron con una mujer, sino con varias. Es obvio que ese no era el mandato de Dios, sino un acto de pecaminosidad del hombre. Dios nunca permitió la poligamia. Fueron los hombres los que prefirieron ese estilo de vida.

Los patriarcas de nuestra fe fueron también hombres de Dios que procuraban guardar sus mandamientos. Pero, al igual que nosotros, fueron humanos, con una naturaleza pecaminosa. Estaban bajo la influencia de su debilidad humana y a veces hasta de su propia cultura. En ocasiones, también cayeron víctimas de su pecaminosidad. Dios nunca aceptó la poligamia. Sin embargo, algunos de ellos la practicaron y se casaron con una y con otra mujer. Con sus actos pecaminosos no solo desechaban la ley divina, sino que humillaban y esclavizaban a las mujeres. Algunos, cuando se cansaban de ellas y querían separarse, ni siquiera les daban carta de divorcio, simplemente la repudiaban. En ese estado ellas no podían volver a casarse. La mujer quedaba esclavizada a ese hombre y este siempre tenía la posibilidad de buscarla para usarla cuando él estimara conveniente. Si el hombre no se divorciaba de ella y solo la repudiaba, la dejaba todavía unida a él y si ella llegaba a casarse cometía adulterio.

La situación no era fácil para la mujer. Volverse a casar no solo era una opción que le ayudaba a encontrar otro hombre como compañía, sino que era de alguna manera esencial para sobrevivir. Además era muy importante económicamente para la mujer porque dependía del sustento de un hombre, sea su padre o el esposo.

El acto de despedir o repudiar a la mujer era diferente al que implicaba la palabra «divorcio». Cuando estos hombres despedían a una mujer, las separaban de ellos sin darle una carta de divorcio. Es decir, sin dejarla en libertad sino en esclavitud. Las mujeres repudiadas seguían esclavas de quien no daba carta de divorcio. La palabra que describe ese despido o repudio en hebreo es *shalach*, que es diferente a la usada para referirse al divorcio. Esta es la palabra *keriythuwth*, que se usa aquí en este pasaje de Jeremías.[1]

En el caso del adulterio de la nación de Israel, Dios no solo la despidió sino que le dio carta de divorcio. Es decir, rompió los vínculos matrimoniales mediante un divorcio legal, con documento escrito tal como manda en Deuteronomio 24.

Esta carta de divorcio le otorga a la mujer la misma dignidad que al hombre. La libera de la esclavitud y de la posibilidad de que la usara como esclava. Además, por supues-

1 Walter L. Callison, «Divorce, the Law, and Jesús», artículo de la revista *Your Church*, mayo-junio 1986.

to, permite un posterior matrimonio a la separación. Así lo explican los versículos 1 y 2. La carta de divorcio le permitía que ella saliera de la casa y quedara en libertad para casarse con otro hombre. Es indiscutible que la práctica injusta del repudio o el simple despido de la mujer era y seguirá siendo un serio peligro.

El peligro que corrían las mujeres de antaño, es el mismo que enfrentan en nuestros días quienes no se divorcian de sus cónyuges y solo prefieren la separación durante largos períodos sin enfrentar el problema con sabiduría. Existe el mismo peligro de seguir usando a la mujer para propósitos sexuales porque la tendencia del hombre es la misma de antes.

Durante dos años, Carmen se sentía que su marido la usaba. La situación no podía ser más cómoda para Fernando. Manifestó su irresponsabilidad en los cinco años de matrimonio. Trabajaba esporádicamente. No tenía estabilidad en sus trabajos. Su esposa, en cambio, la mayor parte de esos años mantuvo económicamente a su marido y sus dos hijos. Fernando era tan incumplidor en los trabajos que iniciaba, que lo despedían en seguida por faltar demasiado al trabajo. Por lo general, faltaba al trabajo los lunes después de un fin de semana de diversión y borrachera.

Fernando no solo era así en su trabajo, sino también era infiel a su esposa. Cansada de la situación, Carmen logró que saliera de la casa. Fernando en represalia estuvo alejado por más de seis meses sin siquiera apoyar económicamente ni visitar a sus hijos. Pero cuando tuvo problemas con la otra mujer que vivía, comenzó a mostrar preocupación y a simular amor por su familia.

Carmen poco a poco le dio cabida. Fernando logró conquistarla y de vez en cuando la manipulaba para tener relaciones sexuales. Ella las justificaba diciendo que todavía era su esposo.

Un día, Carmen llegó a mi oficina emocionalmente destruida. Durante dos años había permitido que jugaran con sus emociones y su cuerpo. Ella, por no establecer los límites apropiados, permitía que la maltrataran.

En la antigüedad, las esposas despedidas, aunque no vivían con el hombre, seguían siendo de su propiedad. Sin duda era una cultura muy cruel con la mujer. Esta no podía obtener la libertad, pues el marido no le daba el divorcio y en esas condiciones se le impedía iniciar una nueva relación matrimonial sin cometer adulterio.

El diccionario hebreo *Langenscheid Pocket Hebrew Dictionary* (McGraw-Hill, 1969) define la palabra *shalach* como «despido o repudio». Por supuesto, Dios odia y rechaza este inhumano despido.

La carta de divorcio

El estudio de las costumbres judías nos permiten comprender un poco más acerca de la validez del divorcio. Edersheim escribe con respecto a la seriedad de este compromiso, lo siguiente:

> A partir de ese momento María era la mujer desposada de José; la relación entre ellos era tan sagrada como si ya se hubiesen casado. Cualquier violación de la misma se consideraba adulterio; el enlace no podía tampoco disolverse, salvo —igual que después del casamiento— mediante un divorcio formal».[2]

Por lo tanto, no solo antes del matrimonio, sino en el matrimonio podían dar carta de divorcio. Note que no solo los «duro de corazón» daban carta de divorcio por cualquier causa. No solo ellos se separaban de sus esposas sin darle la libertad mediante la carta de divorcio, sino que también lo hacían los justos por razones justas.

La fórmula de divorcio y nuevo casamiento se contemplaban en el certificado, en la carta que debía firmarse. Este no era un certificado cualquiera. Más bien se debía redactar cuidadosamente a fin de que la mujer tuviese una forma de

2 Alfred Edersheim, *Life and Times of Jesús the Messiah*, tomo 1, Eerdmans, Grand Rapids, 1953, p. 150,

demostrar con claridad su libertad de volverse a casar.[3] Una transcripción de un certificado dice lo siguiente:

> *El ________________ [día de la semana], del ________ de ______________ [mes] de __________ [año], yo, que también me llamo hijo de ______________________, de la ciudad de ______________, a orillas del río ______________, por este acto doy consentimiento por mí propia voluntad, no estando restringido en modo alguno, y te libero, repudio y despido a ti, mi mujer ____________________, que también se llama hija de ________________, que se encuentra hoy en la ciudad de ______________________, a orillas del río ______________, que has sido mi esposa por un buen tiempo. Y de esta manera te libero, te repudio y te despido a fin de que tengas permiso y control sobre ti misma para que vayas y te cases con cualquier hombre con el que desearas hacerlo. Y, para que ningún hombre pueda impedírtelo a partir de este día, tienes permitido unirte a cualquier hombre. Esto te será de mi parte un certificado de despido, documento de liberación y acta de libertad, según la Ley de Moisés y de Israel.*
>
> *____________________ hijo de ________________ Testigo*
> *____________________ hijo de ________________ Testigo*[4]

Jesucristo nunca aprobó el divorcio, ni tampoco presentó una nueva fórmula. La intención obvia era corregir los abusos aprobando el debido uso de la carta de divorcio en el caso que Él específicamente menciona.

Con sus declaraciones, el Señor aclaraba a los judíos que no podían divorciarse de sus mujeres por razones ridículas como las que usaban como excusa para sus pecados. Jesús rechazó los deseos de quienes rápidamente querían terminar con su relación matrimonial y para ello buscaban cualquier causa. No quería que repudiaran a las mujeres ni quería que

---

3 Nicoll W. Robertson, *Expositors Greek Testament*, tomo 1, Wm. B. Eerdmans Publishing Co., Grand Rapids, MI, 1956, p. 109.

4 *Jewish Encyclopedia*, tomo 44, Funk & Wagnalls Co., Nueva York, 1916.

ellas sufrieran el estigma del abandono y la posterior esclavitud a un hombre.

El Señor dejó claramente establecido que la fornicación era la única razón válida. Reafirmó la carta de divorcio judía. La misma que establecía que en caso de que la mujer la recibiera, se podía volver a casar.

Sería falso pensar que Jesucristo aceptaba solamente la primera parte de la carta que permitía el divorcio por adulterio, pero rechazaba la parte que establecía que recibieran el certificado que les permitía volverse a casar.

Estudiemos ahora el alcance de los vocablos griegos que se usaban con relación a la carta de divorcio y al repudio.

Análisis de los términos griegos

Debido a que el Antiguo Testamento se escribió en hebreo y el Nuevo Testamento en griego es muy importante que estudiemos las palabras que se usan. Así como definimos los términos usados en el Antiguo Testamento, también es importante que establezcamos el significado de los términos griegos del Nuevo Testamento.

En el *Léxico del Nuevo Testamento*, escrito por Arndt-Gingrich, se cita la palabra griega *apostacion* como un término técnico que describe el acto de entregar una carta de divorcio. Esta carta de divorcio se usaba antiguamente, como en 258 a.C.

La palabra *apoluo* no significa «divorcio», sino más bien describe la situación de una mujer que se considera una esclava y que recibe el repudio, o una mujer a la que le privan de los derechos básicos que tenía dentro del matrimonio y en la monogamia.[5]

Debemos recordar también que en esos tiempos existía un dominio total del hombre sobre la mujer. Existía una gran cantidad de abusos con la mujer y grandes privilegios pecaminosos para los hombres.

5 Véase Walter L. Callison, «Divorce, the Law, and Jesús», *Your Church*, mayo-junio de 1986.

La palabra *apostacion*, en cambio, significa que el matrimonio se terminó y, por lo tanto, se permite otro matrimonio legal. Lo que se destaca es que en el divorcio se extendía un documento, la llamada «carta de divorcio», que debía entregarse en la mano. Cuando se despedía a la mujer y esta se iba de la casa llevando su carta en la mano, según Deuteronomio 24.2 podía casarse con otro hombre. Debemos entender entonces que el término griego *apoluo* que significa «repudiar» no es un divorcio técnicamente hablando. Aunque a menudo estas palabras se usan como sinónimos, realmente su significado es distinto.

Siendo que la carta de divorcio incluía la separación definitiva y la posibilidad de un nuevo matrimonio, la referencia de Jesucristo a que es posible el divorcio por causa de fornicación, de acuerdo a mi interpretación, debe incluir que es posible un nuevo matrimonio. La declaración de Jesucristo fue sencilla y no fue su intención dejar a la gente sumida en la incertidumbre. Recuerde que las mismas palabras de Jesucristo y sus enseñanzas con respecto al divorcio por adulterio y un nuevo matrimonio las confirma Pablo veinticinco años más tarde.

Un mal necesario

El hecho de que el divorcio se constituyó en un mal necesario producto del pecado del hombre lo descubrimos en muchos casos en la Biblia. También es evidente en el Antiguo Testamento que el procedimiento de cómo debía realizarse estaba claramente reglamentado.

Deuteronomio 24.1-2 dice: «Le escribirá carta de divorcio, y se la entregará en su mano, y la despedirá de su casa. Y salida de su casa, podrá ir y casarse con otro hombre». Es a esta carta que Jesucristo hace referencia en Mateo 5.31-32, diciendo: «También fue dicho: Cualquiera que repudie a su mujer, déle carta de divorcio. Pero yo os digo que el que repudia a su mujer, a no ser por causa de fornicación, hace que ella adultere; y el que se casa con la repudiada, comete adulterio».

También, la costumbre legal judía decía que se podía dar

carta de divorcio en el período de compromiso, como lo demuestra el caso de José.

Cuando José descubrió que María estaba embarazada, el pensamiento lógico que le asaltó fue que le había sido infiel. De acuerdo a la ley, actuando como un justo, porque según la Palabra de Dios era un hombre justo, podía darle la carta de divorcio y casarse con otra mujer (Mateo 1.19).

> El divorcio secreto era un modo misericordioso de evitarle a la esposa adúltera la vergüenza y el dolor de tener que enfrentar un juicio en los tribunales judíos. Cuando un judío colocaba en las manos de la mujer el certificado en presencia de dos testigos, la unión se reconocía oficialmente como disuelta.[6]

Al estudiar la historia, como estamos analizando, uno se da cuenta que la carta de divorcio se podía usar justa o injustamente. Como cualquier otro procedimiento, podía realizarse debida o indebidamente. Unos lo usaban para la sanidad que tanto necesitaban y que no podían encontrar de otra manera, y otros como una excusa para el pecado y para romper relaciones conyugales con conflictos normales.

En fin, algunos judíos no daban carta de divorcio, sino solo repudiaban a su esposa. Mientras que otros se sometían al espíritu y la letra de la concesión otorgada por Moisés.

DIOS ABORRECE EL DIVORCIO

La posición de Dios respecto al divorcio está bien definida. Por eso, al hablar del tema del divorcio es imposible evitar que venga a la mente el pasaje de Malaquías 2.10-16, donde se nos dice que Dios aborrece el divorcio. Algo muy interesante es notar lo que dice el versículo 16:

> Porque el Señor Dios de Israel ha dicho que Él aborrece el

6 Guy Duty, *Divorcio y nuevo matrimonio*, Editorial Betania, 1975, p. 41.

repudio, y al que cubre de iniquidad su vestido, dijo Jehová de los ejércitos. Guardaos, pues, en vuestro espíritu, y no seáis desleales.

Es indudable que Dios abomina el divorcio. Creo que yo también detesto el hecho de que alguien tenga que divorciarse. Lo odio porque no es la meta de Dios para la familia y porque lamentablemente tendrán que vivir serias consecuencias.

He sido testigo del terrible sufrimiento de decenas de parejas y muchos más niños. Pero también he sido testigo del horrible sufrimiento de muchas personas que sufren el maltrato de sus cónyuges. He sido testigo de muchas lágrimas de quienes sufren porque el cónyuge vive en adulterio.

Todos estamos de acuerdo que las enfermedades más graves requieren de las cirugías más serias y peligrosas. Para poder comunicar mejor mi pensamiento quisiera ilustrarlo con un ejemplo de la vida cotidiana.

Creo que a nadie le gusta, más bien todos odiamos, que sea removido un órgano de nuestro cuerpo por medio de una cirugía. El ideal y plan es que estemos completos y que nunca se realice una cirugía. Sin embargo, hay ocasiones en que esta es imprescindible porque el cuerpo no podrá seguir saludable si es que ese órgano enfermo sigue unido al resto del cuerpo.

No cabe duda de que Dios nos creó para que vivamos con dos riñones o con un órgano llamado vesícula. Dios los puso allí porque son necesarios, pero muchas veces un riñón o la vesícula tienen que extirparse para que la persona salga de esa enfermedad en la que se encuentra. El plan de Dios es que vivamos con todos los miembros de nuestro cuerpo, pero existen momentos en que la remoción de uno de ellos es mejor que la enfermedad degenerativa.

En la opinión infalible de Dios, el divorcio es un acto terrible y que merece su aborrecimiento porque rompe el propósito que Él tiene para el matrimonio. Sin embargo, Moisés tuvo que hacer provisión para el divorcio debido a la dureza del corazón. En la Ley de Israel no existían divorcios fáciles, aunque en los tiempos de Jesucristo habían corrientes que lo facilitaban. No olvide que los fariseos querían sorprender a Jesucristo y saber hacia dónde Él se inclinaba.

En aquella época existían dos líneas de pensamiento. Una de ellas, la escuela rabínica dirigida por el rabino Hillel, enseñaba que se podían divorciar por cualquier causa, aun si la esposa dejaba muy salada la comida. En cambio, la escuela del rabino Shammai sostenía que el divorcio solo se permitía en caso de fornicación.

Observemos lo que dice Malaquías. En el caso que el profeta está tratando dice que no hay razón para el divorcio. A Dios no le agrada que el divorcio llegue a la familia, mucho menos que un esposo decida abandonar a su esposa sin darle una carta de divorcio. Eso también lo aborrece Dios.

Analicemos ahora un poco el contexto de este pasaje para entender lo que Dios quiere comunicar.

El pueblo de Dios había sido infiel. Observe el versículo 11: «Se casó con hija de dios extraño». Eran mujeres paganas que adoraban a dioses ajenos. El versículo 14 nos asegura que Dios había sido testigo del matrimonio entre los hijos e hijas de su pueblo. Le dice: «[tú] has sido desleal, siendo ella tu compañera, y la mujer de tu pacto». Para casarse con las mujeres paganas, los esposos abandonaban y despedían a sus esposas. Abandonaban a sus mujeres repudiándolas. Por eso dice que Dios aborrece ese repudio.

En el versículo 15, Dios expresa su molestia y determina claramente el porqué le desagradaba esa acción: «Porque buscaba una descendencia». Dios buscaba una descendencia. Dios quería tener un pueblo santo. Por repudiar a las mujeres de su mismo pueblo y al casarse con otras que creían en dioses paganos, estos hombres echaban a un lado el plan de Dios. Decidieron no participar en el propósito divino de formar su familia, su pueblo y crear una descendencia para Dios. En vez de casarse con mujeres de su nación, preferían buscar mujeres paganas. Piense que ese es el momento de la historia en que tenemos evidencia de esta concesión divina a esta debilidad humana.

Creo que este es el momento oportuno para recordar que estos pasajes escriturales nos han ayudado a identificar hasta el momento dos razones por las que Moisés mandó a entregar carta de divorcio. La primera es un acto de dignidad. Es un acto de justicia con la mujer para evitar el pecado y que los hombres abandonaran a sus mujeres por cualquier causa y para que en casos de adulterio entregaran carta de divorcio. La segunda fue para que los hombres del pueblo de Israel, pueblo escogido por Dios, se separaran de las mujeres paganas y volvieran a casarse con mujeres de su nación y así se cumpliera el deseo de Dios de tener descendencia.

El versículo 16 dice que Dios aborrece el «repudio». Siendo que la única forma de evitar lo que Él aborrecía era entregando carta de divorcio, Dios permite a Moisés que establezca el divorcio. De esa manera evitó lo pecaminoso del acto de repudio que llevaba a la mujer al adulterio.

Después de realizar este estudio es mucho más fácil entender con mayor claridad Lucas 16.18, que dice: «Todo el que repudia a su mujer, y se casa con otra, adultera». Esta práctica de despedir o repudiar a la esposa por cualquier causa o de no querer entregar la carta de divorcio si existía adulterio era cruel. El repudio llevaba al adulterio porque si no se entregaba la carta, no se rompía el vínculo. Por lo tanto, no existía el divorcio y sin este quien se casaba cometía adulterio.

Jesucristo también rechazó el divorcio

Al examinar nuestra Biblia es interesante notar que Jesucristo también usa el término «repudiar» y mantiene el mismo pensamiento de rechazo a esa acción de repudio.

Nuestra versión castellana usa el término repudiar en Malaquías, Deuteronomio y en Jeremías. El mismo término usa Jesucristo según sus palabras que aparecen en el libro de Mateo.

> Cualquiera que repudie a su mujer, déle carta de divorcio (Mateo 5.31).

Es notoria la preocupación de Jesús. No deseaba que las mujeres quedaran en un estado de repudio. Al contrario, que si alguien debe repudiarla, basado en las causales mencionadas en el siguiente versículo, debe entregarle la carta de divorcio y no solo dejarla en estado de repudio. Note lo que dice el versículo 32:

> Pero yo os digo que el que repudia a su mujer, *a no ser por causa de fornicación*, hace que ella adultere; y el que se casa con la repudiada, comete adulterio (cursivas añadidas).

Jesucristo dice que comete adulterio el que se casa con la «repudiada», no con la «divorciada», porque a la repudiada no se le ha dado el derecho de volverse a casar. Este derecho lo recibía quien había recibido la carta de divorcio y de por medio existía fornicación.

Ante la pregunta que hacen los fariseos a Jesús, en Mateo capítulo 19, versículo 7: «¿Por qué, pues, mandó Moisés dar carta de divorcio, y repudiarla?» Jesús respondió: «Por la dureza de vuestro corazón Moisés os permitió repudiar a vuestras mujeres; mas al principio no fue así».

Desde el principio Dios nos dio el derecho de tener un matrimonio. Vio que el hombre necesitaba una mujer. Vio que el hombre estaba solo y le dio la oportunidad de que tuviera una mujer. Sin embargo, el hombre por la dureza de su corazón usó el «repudio» para casarse con otra mujer, dejando a la repudiada imposibilitada por la ley para volverse a casar. De esta manera el hombre le quitaba el derecho básico que Dios le entregó también a la mujer. El hombre no le daba la libertad que ella necesitaba para volver a restaurar su vida y unirse en matrimonio.

Es evidente que las palabras de Jesucristo demandaban obediencia a ley para que de esta manera ambos tuvieran los mismos derechos.

Aquí existe una clara indicación que repudiar a la mujer lleva al adulterio, tanto a aquel que la repudia, como a la repudiada si se casa con otro hombre sin recibir la carta de divorcio. Aun quien se casa con la repudiada comete adulterio.

Creo que las palabras de Jesucristo que demuestran que existe una cláusula de excepción son interesantes e importantes pues debemos recordar que una mujer culpable de inmoralidad sexual según la ley debía morir. Mediante las palabras de Jesucristo y su refuerzo a lo dictaminado por la ley, la mujer que era víctima de esta injusticia por parte de hombres pecaminosos, recibía la posibilidad de restauración.

Si al estudiar la seriedad de las palabras de Jesucristo y las implicaciones que tienen siente preocupación, no se sorprenda porque usted no es el único que ha reaccionado de esa manera. Si estos pensamientos le hacen pensar que el matrimonio requiere de un compromiso serio y que no se puede jugar con los sentimientos de su cónyuge y que es mejor tener seriedad para llegar al matrimonio y medir muy bien el compromiso, usted no está reaccionando de una forma diferente que los discípulos.

La seriedad con que Jesucristo trata el tema y la claridad y determinación de sus palabras causaron una profunda impresión en los discípulos, quienes sorprendidos le dicen:

> Si así es la condición del hombre con su mujer, no conviene casarse.

Culturalmente, muchos hombres de su época no estaban listos para escuchar las enseñanzas de Jesucristo pues no estaban acostumbrados a vivir con una sola mujer y para toda la vida. Para muchos de ellos, lo peor que Jesucristo podía hacer era darle a la mujer los mismos derechos que ellos tenían. La carta de divorcio entonces fue la solución a la cruel práctica de repudiar a las mujeres.

DIVORCIO Y NUEVO MATRIMONIO EN EL NUEVO TESTAMENTO

Íntimamente ligado al tema del divorcio de los cónyuges se

encuentra el de un nuevo matrimonio. Mi intención es que en esta parte de nuestro estudio descubramos que existen dos claras circunstancias en que se permite el divorcio y tres situaciones en que el volverse a casar después de haber vivido el dolor del divorcio es una alternativa bíblica.

He descubierto que muchas personas no tienen tanto conflicto para aceptar que hay relaciones tan dañinas y peligrosas, que no existe una salida más sabia que separarse. He notado que un mayor número de personas tienen más problemas para aceptar que esa persona se divorcie y legalmente logre la independencia de su cónyuge, pero un número mucho mayor rechaza la idea de que esa persona tenga apoyo bíblico para volverse a casar. Quisiera que independientemente de lo que ha creído en el pasado realice conmigo una investigación seria sobre lo que la Biblia enseña con respecto a este tema. Por supuesto, que mi interpretación solamente debe servir como un estímulo para que usted lleve a cabo su propio estudio y llegue a sus propias conclusiones.

Podemos concluir diciendo lo siguiente:

- El propósito de Dios para el matrimonio es que sea una relación permanente que rechace la inmoralidad y que permanezca hasta la muerte de uno de los cónyuges.
- Dios permitió el divorcio y estableció reglas claras para que los hombres por la «dureza de corazón» no abusaran de la ley.
- Dios permitió un nuevo matrimonio a quienes tienen legítimas razones bíblicas como son la inmoralidad sexual y la deserción.

Como resultado de mi estudio sobre estos aspecto, he arribado a las siguientes conclusiones:

- El divorcio tiene apoyo bíblico: Primero, cuando uno de los cónyuges cristianos vive una vida de adulterio y no desea abandonar ese estilo de vida pecaminoso o cuando abandona el hogar. El cónyuge inocente de ese pecado tiene libertad para buscar el divorcio. Segundo, una persona puede divorciarse cuando está unida en matrimonio a un cónyuge no cristiano que con sus acciones y/o palabras está comunicando su determinación de abandonar al cónyuge cristiano por cualquier razón, incluso por su fe.

- Es bíblicamente permitido que una persona divorciada se vuelva a casar cuando el divorcio ha ocurrido en las dos circunstancias mencionadas anteriormente, y cuando el matrimonio y el divorcio se llevó a cabo con anterioridad a la salvación.[7]

Pasemos a examinar las situaciones en que el divorcio y el nuevo matrimonio tienen apoyo bíblico.

El divorcio con apoyo bíblico

Examinaremos específicamente las dos situaciones en que el divorcio tiene apoyo bíblico y las tres razones en que es posible un nuevo matrimonio.

La Palabra de Dios permite un nuevo matrimonio cuando el anterior matrimonio y el divorcio se llevaron a efecto antes de la salvación. El pasaje de 2 Corintios 5.1 nos muestra que en Cristo somos nuevas criaturas y nos asegura que las cosas viejas pasaron. Otro pasaje que ayuda a entender esta verdad es Efesios 2.1-7,19-22. Según mi interpretación, pasajes como estos, que hablan de la nueva vida en Cristo, no pueden enseñar que sí existe nueva vida en Cristo, pero que está limitada. Estos pasajes de seguro no enseñan que todas las cosas son hechas nuevas a excepción de la vida y relación de una persona divorciada. Si estos pasajes excluyeran la situación de una persona divorciada, es decir, si se acepta que son nuevas en Cristo todas las personas y cosas a excepción de las personas que han vivido la dolorosa experiencia del divorcio,

---

7 Véase, Charles R. Swindoll, *Dile que sí al amor*, Editorial Betania, 1985, p. 140.

este se convertiría en el único pecado que no cubriría la sangre de Jesucristo. Sería la única mancha negra de nuestro pasado que no podría limpiarse.

Para mí, las palabras «nueva criatura» significan precisamente lo que dicen. La persona que está en Cristo es una nueva criatura. Esta declaración incluye a toda persona. Aun la que se divorció antes de ser salva. Toda persona, sin importar los pecados cometidos, cuando va al Señor, es una nueva creación y por ello tiene la libertad de buscar su restauración. Ahora, con el poder de Cristo, la dirección del Espíritu Santo, la instrucción de líderes fundamentados en la Palabra de Dios, puede evitar seguir viviendo en su condición anterior. Pablo dice que Dios, a pesar de que «estando muertos en pecados, nos dio vida juntamente con Cristo» (Efesios 2.5).

Es bíblicamente permitido el divorcio y el nuevo matrimonio en un matrimonio cristiano cuando un cónyuge ha cometido inmoralidad sexual y no está dispuesto a arrepentirse y volver a vivir fielmente con su cónyuge. Hay claras evidencias de lo que el Señor nos quiere decir cuando se refiere a «inmoralidad sexual». Los consejeros cristianos deben analizar cada caso de forma independiente a fin de tener un criterio más objetivo de si en verdad existen los antecedentes necesarios que certifiquen que uno de los cónyuges optó por vivir en la inmoralidad.

No debemos olvidar lo que el Señor dice en Mateo 19.9. Él nos aclara que comete adulterio cualquiera que se casa sin recibir carta de divorcio. Pero que no comete adulterio quien se divorcia por inmoralidad sexual y se vuelve a casar.

Esta declaración de Jesucristo ha recibido muchas interpretaciones. Sin embargo, he encontrado un principio que tenemos muchos de los que tenemos como responsabilidad predicar de acuerdo al texto bíblico. Este principio es una gran ayuda en la interpretación bíblica y nos dice que si el sentido normal del pasaje, tiene un buen sentido, no debemos buscar otro. Este principio debe aplicarse también para interpretar este pasaje.

Estudie este pasaje y note que Jesús está contestando preguntas de los fariseos. En el versículo 3 le preguntan: «¿Es lícito al hombre repudiar a su mujer por cualquier causa?» En otras palabras, preguntan: ¿Es legal divorciarse por cualquier causa, por cualquier razón? Al escuchar la respuesta de Jesús en los versículos 4 al 6 que les dice que en el principio Dios no planificó el divorcio y que más bien su plan era un hombre y una mujer unidos en el matrimonio para siempre, sus interrogadores se sintieron motivados a realizar su siguiente pregunta: «¿Por qué, pues, mandó Moisés dar carta de divorcio?» De nuevo la respuesta de Jesús es muy clara: «Por la dureza de vuestro corazón Moisés os permitió repudiar a vuestra mujeres, mas al principio no fue así». Luego el Señor hace una importante distinción que cree necesaria cuando dice: «Y yo os digo que cualquiera que repudia a su mujer, salvo por causa de fornicación, y se casa con otra, adultera; y el que se casa con la repudiada, adultera» (v. 9).

Después de su respuesta concerniente a la razón que tuvo Moisés para permitir a su pueblo repudiar a una mujer, Jesucristo expone su propio criterio. En caso que usted se pregunte por qué me atrevo a decir que esta es la opinión de Jesús, le respondo que es claramente evidente porque Jesucristo dice: «Y yo os digo». No debemos buscar otro sentido que el específico que el Señor le da a su explicación.

Respondiendo a los fariseos que le preguntan si es lícito divorciarse por cualquier razón, Jesús les dice que no, que cualquiera que lo haga comete adulterio, a excepción de aquellos que lo hagan porque uno de los cónyuges vive en adulterio. El Señor dice que una persona puede divorciarse y volverse a casar, si es que su cónyuge vive en inmoralidad sexual.

A fin de entender más profundamente el significado original de la palabra «fornicación», o «inmoralidad sexual», usada por Jesús, es necesario entrar por un momento al estudio de la palabra *porneia* que es el término griego que Jesús usó para describir este pecado. De esta palabra obtenemos nuestro término «pornografía». Jesucristo por ser el Hijo de Dios estaba dando enseñanzas importantes a sus seguidores. Usaba toda su sabiduría porque cada palabra que salía de su boca era muy importante. De ahí el porqué encuentro muy interesante que Jesucristo a pesar de que tenía a su disposición algunos términos para describir este pecado, no usara el término griego *moicheia* que se traduce como adulterio. El Señor prefiere usar la palabra *porneia* que en el Nuevo Testamento, en mi criterio y el de muchos expertos, se utiliza para describir una actividad sexual ilícita con otra persona que no sea su cónyuge, o con una persona de su mismo sexo (homosexualismo) o con el sexo opuesto antes o después del matrimonio.

Existen personas que restringen el significado de la palabra *porneia* a la palabra fornicación y aseguran que se refiere exclusivamente a un pecado sexual antes del matrimonio y de esa manera llegan a la conclusión que tal como lo quería hacer José, la persona podía divorciarse antes del matrimonio si existía pecado sexual, pero no después de casarse. La verdad es que tanto el término fornicación como el término adulterio son sinónimos en las Escrituras y a menudo intercambiables. Podemos citar como ejemplo otras palabras como «reino de Dios» y «reino de los cielos» o las palabras «alma» y «espíritu» que a veces se usan como sinónimos e intercambiables. El término hebreo *zanah* significa fornicación y se emplea para describir también el pecado de una mujer casada, por ejemplo, en Amós 7.17.[8]

La palabra *porneia*, que aparece en Mateo 5.32 y 19.9, representa o incluye el adulterio,[9]

En Números 25.1-2 se usa la palabra *zanah* para describir el pecado sexual que cometieron los israelitas con las hijas de Moab y no todos eran solteros. Incluso Pablo, en 1 Corintios 10.8, se refiere a ellos como personas que fornicaron. Esa declaración incluía a los casados y solteros.[10]

---

8 Véase Robert Young, *Analytical Concordance to the Bible*, 20.ª edición, Funk & Wagnalls Company, New York.

9 *Ibíd.*

10 Véase R.H. Charles, *The Teaching of the New Testament on Divorce*, Williams & Norgate, Londres, 1921.

De la declaración de Jesucristo que dice que en el principio no fue así, podemos notar que Él reafirma que con Adán y Eva no estaba presente el divorcio. Pero que luego, por la dureza del corazón, Moisés permitió el divorcio.

Luego Jesús agrega: «Pero yo os digo». Yo os digo que cuando uno de los cónyuges es culpable de conducta sexual inmoral (*porneia*) existe la oportunidad de divorciarse y volverse a casar.

Sé que algunos de mis lectores estarán de acuerdo con esta interpretación. Quizás digan que en realidad esto fue lo que Jesús enseñó. Sin embargo, si esto se enseña, habrá muchos que se aprovecharán para romper su relación conyugal por cualquier razón.

Como un predicador comprometido con la doctrina de la gracia creo que quien se atreve a evitar enseñar las declaraciones de Jesús sobre el divorcio por temor a que alguien abuse, actúa como quienes no querían predicar en sus congregaciones la doctrina de la seguridad eterna de la salvación o la doctrina de la gracia de Dios, solamente porque algunos comenzarían a vivir una vida de pecado. Es obvio que estas enseñanzas no deben manipularse, ni usarse como una rápida excusa para escapar por medio del divorcio de problemas que con esfuerzo pueden resolverse.

Jesucristo no nos da un mandato para el divorcio, ni abre una puerta facilista. Él brinda la posibilidad de restauración a la parte inocente que están maltratando y que no encuentra salida para su conflicto.

No existe un pasaje del cual podamos desprender todo el pensamiento de Dios con respecto a este tema. En definitiva, debemos recurrir a otros pasajes bíblicos que nos brindan mayor información. Todos los que creemos firmemente en mantener una minuciosa hermenéutica en nuestros estudios de los pasajes bíblicos sabemos que para establecer una doctrina se debe examinar lo que la Palabra del Señor enseña con respecto a ese tema. Se debe escudriñar en toda la Biblia y no establecer una doctrina después del estudio profundo de un solo pasaje.

Para realizar un estudio confiable, es indispensable que examinemos otros pasajes que aportan luz sobre el mismo tema. Pablo agrega un poco más de luz y nos permite obtener mayor información necesaria. Su pensamiento es claro y no contradice lo que ya hemos estudiado. Pablo afirma que cuando la persona que ha cometido la inmoralidad sexual no está dispuesta a arrepentirse, que cuando el cónyuge infiel no está dispuesto a rectificar su conducta y vivir fielmente con su cónyuge en una renovada relación matrimonial, la parte inocente puede usar la opción de divorciarse. Si existe esa negativa a vivir conforme al santo estado del matrimonio, también existe causal para el divorcio. Obviamente que esta negativa se puede expresar no solo con palabras, sino también con el comportamiento. O sea, si la parte infiel demuestra una total ausencia de cambio, existiría causal para el divorcio.

Creo que la palabra *porneia* describe un acto de adulterio que puede ser rápido, pasajero, o una inmoralidad constante que ata a la persona y le impide volver a ser fiel en su relación matrimonial original. Pero además creo que en el caso en que uno de los cónyuges cometa un pecado de inmoralidad sexual, pero está arrepentido y anhela cambiar, el cónyuge inocente de ese pecado tiene la obligación de cumplir el mandato divino de perdonar. Si la persona pecó y está sinceramente arrepentida, el perdón no es una opción para el cristiano, sino una obligación. Sin embargo, es obvio que debe comprobarse la sinceridad de quien expresa su arrepentimiento.

Cuando el cónyuge determina vivir un estilo de vida inmoral, cuando ha tomado la determinación de involucrarse con otra persona que no es su cónyuge, a pesar de la obligación y el mandato bíblico para los esposos a permanecer en fidelidad, existe la posibilidad del divorcio. Con sus acciones, el que está en pecado demuestra que desea mantenerse en ese estilo de vida pecaminoso. El cónyuge fiel tiene la opción de abandonar al que ha cometido tal agravio y no se arrepiente ni quiere abandonarlo. Digo que es una opción, de ninguna manera un mandato, pues eso es lo que podemos interpretar en la explicación de Pablo. Si alguien determina vivir en ese sufrimiento es su opción, pero no culpe a Dios de haberlo metido en una prueba. Esa no es la prueba de la fe del creyente, sino de un acto voluntario de someterse a un sufrimiento innecesario. Esa es mi interpretación, que Dios no manda, pero permite al cónyuge fiel obtener la libertad de dicho individuo creyente o no creyente. Quien opta por un matrimonio puro puede liberarse de quien opta por vivir en el pecado. En esa condición lo único que aquel puede ofrecerle es una vida cruel y miserable con serios peligros para la integridad física y emocional.

Es bíblicamente permitido el divorcio y el nuevo matrimonio cuando el cónyuge no creyente, voluntaria y permanentemente, abandona al cónyuge creyente. En 1 Corintios 7.15, Pablo nos da algunos consejos sobre el matrimonio. Específicamente aconseja sobre los matrimonios mixtos, es decir, el de un creyente con un incrédulo.

Es interesante, pero el concepto del apóstol es que no todos los matrimonios entre un creyente y un incrédulo van a fracasar y que no se debe argüir que existe causal para la separación solo por el hecho de que existe una diferencia de fe.

Es cierto que la Biblia condena que un cristiano se una en un yugo desigual con un incrédulo, pero una vez casados, de ninguna manera manda que los cristianos terminen su relación matrimonial con un no cristiano porque este no le permite asistir a su congregación.

Pablo aconseja al cristiano que vive en medio de los conflictos surgidos por la diferencia de creencias, que busque la armonía. Pide que sea un ejemplo, que viva la vida cristiana manteniendo un comportamiento ejemplar. De esta manera, dará evidencias de su auténtico cristianismo. El cónyuge cristiano tiene el deber de establecer los límites en su relación conyugal. No puede aceptar someterse a las imposiciones antojadizas de quien no es creyente. No debe aceptar conductas inmorales. No debe aceptar que lo obliguen a romper todo vínculo con la iglesia. Así como el cónyuge cristiano no tiene derecho a prohibirle a su marido jugar fútbol los sábados, si esa es su opción y deseo, tampoco debe permitir que el cónyuge no cristiano le prohíba su asistencia a la iglesia. El cristiano debe cumplir sus obligaciones como tal, pero no necesita estar sujeto a esclavitud.

Si el cónyuge incrédulo quiere mantener un estilo de vida pecaminoso, si esa persona abandona los principios de moralidad y con palabras o acciones demuestra su deseo de abandonar su relación matrimonial, el creyente no está obligado a permanecer en ese yugo. Tampoco es mandado a abandonar esa relación, pero si no existe una mejor salida y ha intentado por todos los medios que sobreviva el matrimonio y no lo ha logrado, está permitido abandonar aquel vínculo matrimonial.

Si el incrédulo decide abandonar al cónyuge creyente, el consejo de Dios es que debe permitirle que se vaya. En otras palabras, el cristiano no tiene la obligación de rogar a su cónyuge en pecado para que se quede, más bien debe dejarle que cumpla su decisión de irse.

Así como Pablo pregunta «¿Perseveraremos en el pecado para que la gracia abunde?, y así como su respuesta es clara y definitiva cuando dice: «De ninguna manera», también creo que de «ninguna manera» los matrimonios en conflictos deben abusar de la misericordia y el amor que Dios demuestra al brindar una salida a quienes sufren situaciones lamentables.

No porque exista una salida debemos escapar lo más pronto posible y por cualquier causa. Por lo tanto, es importante advertir algo. Creo que es un pecado abandonar la relación matrimonial por conflictos que con esfuerzo y ayuda tienen solución. Creo que tienen una actitud muy pecaminosa quienes quieren tomar decisiones rápidas de abandonar la relación conyugal después de una discusión. Tampoco afirmo que se debe abandonar la relación conyugal cuando la pareja ha tenido serios conflictos que se han prolongado durante muchos años solo por la negativa a cambiar y la falta de disposición a aprender a convivir con amor y respeto.

Antes de esta trascendental decisión se deben buscar todos los medios de comunicación y se debe hacer todo intento de sanidad en esa relación matrimonial herida. La búsqueda más importante debe ser la de un consejero que oriente bíblicamente y les ayude a tomar decisiones con sabiduría. Estos intentos de solución con asesoramiento no deben realizarse una sola vez, sino tantas veces como sea posible.

El versículo 15 dice que el hermano o la hermana no están bajo esclavitud en los casos en que se han intentado muchas soluciones adecuadas. El creyente no está obligado a vivir en esclavitud si el cónyuge infiel persiste en su rechazo al cambio, o continúa realizando promesas de cambio de su estilo de vida pecaminoso, peligroso y destructivo, sin nunca llegar a realizarlos. Si un cónyuge persiste en vivir con el otro pero quiere seguir practicando la inmoralidad, no creo que el cónyuge cristiano debe sujetarse a esa esclavitud. Debe separarse y con mayor razón si el cónyuge infiel decide abandonar el hogar.

Es importante considerar lo que significa la palabra «servidumbre» que menciona el apóstol Pablo. La palabra griega usada aquí es *doulos*, que significa «esclavo». Los esclavos estaban unidos a sus amos para siempre. Es decir, sugiere que es algo sólido, firme. Me recuerda lo que dice en Génesis 2: «Y se unirá a su mujer». En ambos casos se comunica la idea de un vínculo permanente.

En 1 Corintios 7.39 dice que una esposa es esclava de su marido. Está unida a su marido mientras este vive. No obstante, en caso de muerte del cónyuge, está en libertad de volverse a casar. Este término es el que me interesa porque en el versículo 15 se nos dice que aquel cristiano que su cónyuge abandonó, no está en servidumbre nunca más. Dice el apóstol que «no está sujeto a servidumbre». El sentido normal es muy claro, no hay necesidad de buscar otro. Lo que el apóstol nos dice es que tiene libertad y obviamente eso es lo que significa. Está libre de la responsabilidad en ese matrimonio. No está bajo servidumbre, bajo obligación de permanecer en ese matrimonio. Antes del divorcio se encontraba bajo servidumbre, unido en un nexo matrimonial, pero después del divorcio ya no se encuentra en ese estado.

Esta enseñanza no se contradice a lo que Pablo dice en Romanos 7.2. Aquí afirma que «la mujer casada está sujeta por la ley al marido mientras este vive; pero si el marido muere, ella queda libre de la ley del marido». Pablo anota que en los casos de 1 Corintios 7.10,11 la opción es quedarse sin casar, pero no en el caso del versículo 15. Jesucristo tampoco dijo «quédese sin casar» en Mateo 5.32 y 19.9.[11]

Si investigamos profundamente nos damos cuenta que no existe contradicción en la posición de Pablo. Algunos se apoyan de este versículo pasando por alto a todos los demás a fin de aseverar que no se debe permitir el divorcio y que quien lo hace vive en adulterio.

El pasaje claramente enseña que la muerte rompe el vínculo y deja a la persona en libertad de casarse. Pero de ninguna manera nos da en un solo pasaje de las Escrituras todas las razones por las que se rompe el vínculo matrimonial. El apóstol entrega una segunda razón en 1 Corintios 7. Allí menciona la deserción de un esposo.

No debemos esperar que toda una verdad doctrinal aparezca exclusivamente en un solo versículo y no se debe establecer una doctrina de ese versículo exclusivamente si existen partes de esa doctrina en otro pasaje bíblico. Es obvio que no todas las implicaciones de esa doctrina se enseñan en un solo pasaje. Notemos que lo mismo ocurrió en el caso de Jesucristo. El Señor, en Mateo 5.19, menciona la excepción por la que se permite el divorcio y omite mencionar esa importante excepción en su enseñanza que aparece en Marcos y Lucas. Estos Evangelios anotan el principio general, la meta, el ideal del matrimonio. En Mateo, Jesucristo menciona la excepción, el caso en que se rompe el ideal divino para el matrimonio.

No debemos tomar la enseñanza de Romanos 7.2 como una doctrina completa, sin tomar en cuenta u obviando las enseñanzas que la complementan en otras partes de las Escrituras. Si usted se pregunta por qué Pablo no incluyó la excepción, es difícil saberlo. Sin embargo, tal vez lo motivó

---

11 Véase Guy Duty, *Divorcio y nuevo matrimonio*, Editorial Betania, 1975, pp. 107-108.

el hecho de que en este capítulo no estaba hablando del divorcio ni del matrimonio. A lo mejor esa fue una motivación que le llevó a pensar que no necesitaba hacerlo. Pablo estaba usando la destrucción del vínculo matrimonial por medio de la muerte del cónyuge como una ilustración de la verdad teológica que está enseñando en este pasaje. Su propósito es enseñar cómo morimos a la Ley por medio de Cristo y cómo estamos unidos a Él. Por eso lo ilustra con la destrucción del vínculo matrimonial por medio de la muerte cuando se cumplió con el ideal divino para el matrimonio. No usa este ejemplo para enseñar sobre el matrimonio o el divorcio.[12]

Por lo tanto, concluimos que la deserción de un incrédulo rompe el vínculo. Le da libertad al creyente para divorciarse y volverse a casar. Es obvio que el apóstol Pablo no está incitando al divorcio facilista ni está promoviendo el libertinaje para divorciarse y volverse a casar, de ninguna manera. Constantemente afirma la permanencia del vínculo matrimonial y nos exhorta a que hagamos todo lo posible por otorgar perdón, buscar la reconciliación y permanecer unidos hasta la muerte. Sin embargo, también brinda una salida de la esclavitud en que se encuentra quien tiene un matrimonio con características destructivas.

El deseo de Pablo y de Dios es que los matrimonios permanezcan unidos, aunque existan diferencias de fe. El apóstol dice que el esposo incrédulo se santifica por la esposa creyente. Esto no significa que se salva a través de ella, sino que tendrá la posibilidad de ser testigo del amor divino y beneficiario de las bendiciones que Dios entregue al creyente y que disfrutará por ser parte de la familia.

Este caso es similar a lo que ocurre con el concepto del pacto del Antiguo Testamento. El niño judío llegaba a ser parte del pueblo del pacto mediante la circuncisión. Esta de ninguna manera le garantizaba la salvación, pero le incluía como parte del pacto de Dios con su pueblo. Le brindaba la

---

12 Edward G. Dobson, *What the Bible really says about Marriage, Divorce & Remarriage*, Flemming H. Revel Company, New Jersey, 1986, pp. 70-73.

oportunidad de tener las ventajas de ser parte de una familia y pueblo donde aprendería del amor de Dios.

Algunos han pensado que cuando Pablo dice: «Pero si el incrédulo se separa, sepárese; pues no está el hermano o la hermana sujeto a servidumbre en semejante caso, sino que a paz nos llamó Dios» (1 Corintios 7.15), se está refiriendo a una separación pero no al divorcio. Sin embargo, la palabra griega para «separar» es *chorizo*. Pablo usa este término en el versículo 10. Se refiere a la mujer y dice: «Que la mujer no se separe [*choristhenai*] del marido». Usted podrá notar la diferencia de términos, pues Pablo en el versículo al referirse al hombre dice: «que el marido no abandone [*aphienai*] a su mujer».

Aphienai significa divorcio y el término *choristhenai* también se usó como uno que describe el divorcio. Tal vez Pablo uso términos distintos en un mismo pasaje como una variante en su estilo literario.[13]

Mateo 19.6 usa este mismo término para referirse al divorcio. Este es un pasaje que agrega una nueva causal de divorcio. Pablo dice que la esposa estaba esclavizada por la ley a su esposo y que este vínculo matrimonial podía romperse con la muerte del cónyuge (versículo 39) o por el divorcio (versículo 15). Esto nos lleva a concluir que cuando un incrédulo decide divorciarse de un creyente debido a que este vive para Cristo y conforme a las enseñanzas bíblicas, se debe otorgar el divorcio. Al creyente no se le demanda que siga esclavizado en ese vínculo matrimonial y tiene la libertad de volverse a casar.[14]

Al tratar la situación de los creyentes en Corinto, Pablo está consciente de que en algunos casos el incrédulo desea abandonar al creyente. En ese caso, el creyente debe dejar que se vaya. El creyente no tiene la obligación de insistir y suplicar por la permanencia de quien quiere marcharse.

---

13 *A Greek/English Lexicon of the New Testament*, 4.ª edición, University of Chicago Press, Chicago, 1957, p. 899.

14 Véase Edward G. Dobson, *op. cit.*, pp. 77-80.

Pablo establece dos razones para dejar que el incrédulo se marche: Primera, el creyente no está sujeto a servidumbre. Con su abandono voluntario el no creyente ha quebrantado el contrato matrimonial por lo que se da la primera causa para el divorcio y el nuevo matrimonio. Segunda, el creyente tiene el llamado a vivir en paz. Esto no sería posible si el creyente intenta suplicar, forzar y presionar a que se quede el incrédulo que desea marchar.

Creo que debido a lo delicado del tema y la gran necesidad de sabiduría necesaria es que en versículos anteriores el apóstol sugiere la separación momentánea. Considero que la separación puede ser una buena herramienta que le permitirá a la pareja analizar seriamente la situación. Le permitirá investigar las implicaciones de un posible divorcio o evaluar las condiciones y acuerdos para volverse a juntar.

Cuando un no creyente abandona a un creyente, cuando existen pruebas verdaderas y fidedignas de que ha iniciado su vida matrimonial o sexual con otra persona y que en verdad son nulas las opciones de reconciliación, existe causal para el divorcio. El apóstol manda y aconseja la permanencia. Su consejo es que los cónyuges busquen los medios más eficaces, aprendan de los consejos más sabios y hagan todo esfuerzo para aprender a convivir aunque uno de ellos no sea cristiano.

Pablo aconseja la separación en los casos que sea imposible continuar. En los casos donde con hechos o con palabras el no creyente abandona al cónyuge fiel, pues existe peligro de la integridad física y emocional de alguno de los cónyuges porque uno de ellos lleva una vida no cristiana y peligrosa.

En tales casos, creo que la exhortación de Pablo es a que la iglesia obre con gracia. Sobre todo, cuando es imprescindible el divorcio. Aconseja, además, que si el cónyuge cristiano tiene el don de continencia, sería mucho mejor que no se volviera a casar porque esta es la alternativa que tiene quien no tiene dicho don.

Me gusta lo que dice John Stott: «[El divorcio fue] una concesión divina a la debilidad humana».[15] Ningún cristiano debe buscar agresivamente la disolución de su vínculo matrimonial. Es anticristiano planificar y tener un comportamiento soez con el deseo de provocar cansancio en la otra persona a fin de lograr el divorcio.

Una de las cosas más hermosas que encontramos en la Palabra de Dios es la constante exhortación a permanecer unidos aun en tiempo de dificultades matrimoniales. Es también cierto que existen algunos casos extremos que terminarán en divorcio a pesar de los esfuerzos de uno de los cónyuges, a pesar de los extremos esfuerzos realizados por alguien comprometido a mantener la unidad matrimonial.

Personalmente creo que existe un abandono del creyente cuando este corre serios peligros debido a que un cónyuge con instintos criminales lo maltrata física o sicológicamente. Hay personas que consciente o inconscientemente destruyen a su cónyuge a través de abusos físicos o emocionales. En este caso, la persona afectada debe tomar serias precauciones y buscar ayuda para poder entender como es debido el procedimiento que debe seguir. Hay casos en que existe un constante maltrato físico a uno de los cónyuges. Incluso, algunos de ellos acostumbran a castigar físicamente y no solo lo hacen en estado de ebriedad ni en momentos de ira, sino aun estando en sus cinco sentidos.

En algunos casos, la mujer se siente impotente de tomar la determinación de abandonar a su marido. De alguna manera siente temor o no tiene opción de defensa porque no cuenta con familiares cercanos o personas en las cuales puede confiar. El constante maltrato físico que realiza uno de los cónyuges o el constante maltrato sicológico, es decir, insultos constantes, amenazas de castigo, de muerte, constantes presiones, son razones para que la mujer que vive en esta condición busque asesoramiento, pues quizás esté casada con un hombre con serios trastornos mentales. El cónyuge que sufre este tipo de abuso debe buscar la forma de separarse de quien le está causando los conflictos. Lo más sabio es acudir a un consejero

15 Según cita Charles Swindoll, *Dile que sí al amor*, Editorial Betania, Miami, FL, 1985, p. 139.

cristiano y si este, después de examinar con mucho cuidado la situación cree que el divorcio es inevitable, eso es lo que esa persona debe realizar. Estas situaciones de maltrato no solo implican peligro para la mujer, sino también en el caso de que existan hijos.

Es lamentable, pero hay países en que no existe protección policial para la familia y donde las esposas no pueden denunciar ni recibir ayuda. Los cónyuges que sufren por su unión a personas como las descritas anteriormente, deben buscar protección de las autoridades o de su familia. Si persisten en convivir con un enfermo mental o alguien con serios trastornos que se manifiestan en su conducta dañina y destructiva, corren un serio peligro. No se trata de que esta situación constituya un serio peligro físico, sino que los hechos que se derivan van también en detrimento de la salud emocional de la persona. En estos casos extremos y debido al peligro de venganza que existe, la persona afectada debe buscar ayuda inmediata abriendo su corazón a familiares, personas de mucha confianza o a los líderes de la congregación a la que asiste.

Las enseñanzas bíblicas en la práctica

Cuando examinamos la realidad lamentable en que viven algunas personas. Cuando nos damos cuenta de la necesidad de la liberación de un vínculo pecaminoso y notamos lo que algunos cristianos piensan en nuestros días, no podemos evitar darnos cuenta que lamentablemente existe una actitud inmisericorde. Creo que es una actitud legalista y ausente de gracia obligar a las mujeres divorciadas que aceptan a Cristo como su Salvador e inician su vida cristiana, a volver a sus antiguos maridos. Sobre todo, si estos se han vuelto a casar y ya tienen hijos en su nueva relación.

Victoria conoció al Señor en medio del gran sufrimiento que había experimentado. Habían pasado dos años y aún no se había podido reponer emocionalmente del abandono de su marido, quien se divorció de ella y se fue con una mujer joven.

Victoria amaba a su marido y nunca se imaginó que tendría

que pasar por una experiencia tan devastadora. Alguien le habló de Jesucristo y su necesidad de aceptarlo como Salvador. Era el momento preciso de vulnerabilidad que el Espíritu Santo había provocado.

Sus tres primeros meses fueron maravillosos. Luego los líderes de la congregación le incluyeron en un grupo de mujeres que recibían instrucción para arreglar su situación matrimonial. Victoria se percató de que otras cinco mujeres estaban en la misma situación. Se sintió identificada y apoyada. Recibía tan buenos consejos que aprendió a controlar su vida y volvió a tener la esperanza de que algún día recuperaría a su marido. Le hablaron tanto de Dios y su poder así como los milagros que Él podía hacer, que su fe aumentó y también la esperanza de reiniciar su matrimonio.

Finalmente llegó el momento de la gran prueba. Junto a uno de los líderes debía ir a buscar a su ex marido para a fin de perdonarlo y restaurar su matrimonio. Después de tres meses de ese acontecimiento, todavía Victoria rompía en llanto al recordar la experiencia traumática que vivió. Su ex marido tenía otra esposa y dos hijos. Cuando su amante tenía seis meses de embarazo, él decidió abandonar a su esposa. Ahora tenía dos hijos con esa joven mujer e indignado, inclusive amenazante, le repitió mil veces que no quería volverla a ver en su vida.

Victoria dice que nunca había vivido una experiencia tan humillante y traumática. Por más de seis meses tuve que tratar su dolor, amargura y, lo que es peor, la decepción. Victoria se decepcionó de Dios, de la iglesia y de las enseñanzas de la Biblia.

Con este ejemplo, de ninguna manera estoy diciendo que el divorcio fue algo bueno que Dios creó. Pero sí creo que era una respuesta a un mal que a sus ojos era peor.

Dios pidió a ciertos hombres que se divorciaran de sus esposas paganas. Dios demostró que hay ciertos valores espirituales que transcienden. Estos son tan importantes que no debemos permitir que una relación pecaminosa, peligrosa y enfermiza siga destruyendo a una persona y afectando su relación con Dios. En ese caso, el divorcio es aconsejable. El divorcio da una vía de escape a quienes están atrapados en una relación enferma que, aunque se llama matrimonio, no cumple los requerimientos divinos de fidelidad y trato con gracia. Después de un serio estudio que compruebe que la relación conyugal es peligrosa y pecaminosa y que uno de los cónyuges no acepta ayuda ni está dispuesto al cambio, la pareja debe emprender el proceso de divorcio.

CONCLUSIONES LÓGICAS

Al llegar al final de esta parte de nuestro estudio, relacionado con las razones bíblicas para el divorcio, y después de examinar las enseñanzas del apóstol Pablo en sus epístolas, enseñanzas que ahondan el pensamiento de Jesucristo en los Evangelios, quiero ofrecerle algunas conclusiones:

1. Dios odia el divorcio porque rompe su propósito de que el matrimonio sea una unión monógama permanente, pero ama al pecador que ha realizado este acto.

2. No todas las personas que buscan el divorcio tienen motivos pecaminosos, pero la raíz de todo divorcio es el pecado. En muchos casos el pecado de uno y en muchos otros el pecado de ambos cónyuges. Si los cónyuges no pecaran y se relacionaran con gracia, no existiría el divorcio.

3. Dios permitió el divorcio en la época de la Ley para que su pueblo escogido no contaminara su descendencia al permanecer casados con cónyuges paganos. Dios permitió el divorcio en la época de la gracia por causa de la inmoralidad sexual.

4. Pablo exhorta a la reconciliación de los separados y divorciados, y no anima la separación porque el divorcio no es un derecho sino un permiso (1 Corintios 7.10-11).

5. Pablo exhorta a la permanencia en la relación conyugal (1 Corintios 7.39-40; Romanos 7.1-4).

6. Pablo permite el divorcio debido al abandono por diferencias religiosas (1 Corintios 7.15).

7. Pablo aconseja quedarse solteros después de un divor-

cio, pero debido a la incontinencia sexual permite un nuevo matrimonio (1 Corintios 7.28).

No obstante a todo lo analizado con respecto al divorcio y su apoyo bíblico, recuerde que todos los pasajes mencionados nos animan a la permanencia fiel en el matrimonio y no al divorcio. El divorcio no es parte del diseño original de Dios. Moisés lo permitió por la dureza del corazón de los humanos. Y ahora se permite porque el pecado puede ser tan vil que es preferible el divorcio que continuar en la indecencia. Nunca debemos enseñar que Dios ordenó el divorcio, sino que es una evidencia del pecado, de la dureza del corazón del hombre.

Capítulo 5

Consecuencias inevitables de una experiencia indeseable

El divorcio y su realidad

Así como el divorcio en la realidad no es una experiencia deseable, cuando este ocurre, existen consecuencias inevitables. Cuando esas consecuencias están destruyendo a la familia, como Iglesia tenemos el llamado a condenar el pecado cometido, pero también tenemos la obligación de amar y restaurar al pecador arrepentido.

EN MI OPINIÓN, EL DIVORCIO es una experiencia indeseable porque nadie se casa con el fin de divorciarse. Nadie en sus cabales busca experiencias dolorosas para recibir consecuencias lamentables. Sin embargo, esta experiencia indeseable por momentos es una realidad inevitable.

El divorcio ciertamente es una tragedia porque incluye experiencias y consecuencias que afectan el normal desarrollo de la vida humana. Pero también es sin duda un privilegio cuando le abre una puerta de salida a todo el que vive junto a un cónyuge atrapado por el pecado que no busca ni merece ese maltrato que está dejando severas heridas emocionales, físicas y espirituales.

Creo que mientras viva, nunca dejaré de asombrarme de la gracia y la misericordia divinas. No puedo concebir a un Dios que no brinde una oportunidad de restauración a quienes sufren debido al adulterio de su cónyuge o a quienes los ha abandonado un cónyuge que rechaza los principios y enseñanzas bíblicas.

Es cierto que el divorcio es una tragedia, pero en toda tragedia existen personas que sufren y que necesitan restauración. Aunque en todo matrimonio sin duda ambos cónyuges son culpables en alguna medida de los conflictos que viven, también existen acciones pecaminosas individuales que afectan a la parte inocente. Dios ha provisto el perdón y la restauración para los que se arrepienten.

EL DIVORCIO COMO TRAGEDIA

Estoy de acuerdo con el principio de que un viaje de miles de millas comienza con el primer paso. Para los que han vivido la tragedia que provoca un divorcio, la restauración está disponible. Es lamentable, pero existen muchos que nunca dan ese primer paso que les guía a un camino que por momentos se torna duro y parece interminable, pero que al caminarlo con sabiduría conduce a la restauración, a una vida normal. Estos son los que tristemente optaron por seguir viviendo en la tragedia. La restauración está disponible si es que se inicia el proceso dando el primer paso. La longitud de este camino depende de la actitud de la persona.

El primer paso no es fácil. Mediante él reconocemos que todo divorcio tiene una realidad dolorosa e incluye tragedia. Lo describo así porque este es un hecho de la vida real capaz de suscitar emociones trágicas.

El divorcio siempre lleva a la tragedia porque acaba con algo que nunca debe terminar, como es el matrimonio, y mete a las personas en experiencias hondamente conmovedoras. Sin embargo, en determinados casos la tragedia que viven algunas personas en el matrimonio es peor que la que puede producir el divorcio.

El divorcio es necesario cuando protege a las personas que son víctimas y que están en peligro físico o emocional. Protege al cónyuge inocente del pecado de adulterio que comete quien ha determinado no obedecer las reglas de Dios para el matrimonio y prefiere vivir en la inmoralidad sexual.

Dios no creó el matrimonio para que exista un hombre con dos mujeres ni una mujer con dos hombres. Ese acto o conducta depravada que se aparta de lo que Él acepta como lícito destruye a las personas y nunca debe permitirse. Si uno de los cónyuges desea vivir esa aberración, el otro tiene todo el derecho de buscar la protección que le brinda el divorcio.

Según lo que hemos estudiado, es notorio que cuando en la época veterotestamentaria se permitía el divorcio, existía un evidente intento de protección hacia la mujer. Recuerde que algunos hombres querían dejar a sus esposas en una condición de esclavitud e inferioridad, sin permitir que tuvieran los derechos que ellos disfrutaban.

El trauma del divorcio

El divorcio provoca una situación traumática en la familia porque interrumpe el proceso de desarrollo natural de esta. Por lo general, todo el proceso está rodeado de muchas emociones y confusión. Las personas pueden experimentar sentimientos de soledad, de rechazo y un profundo pesar por sentir que se ha fallado. Le pueden provocar ira, enojo consigo mismo o con otras personas. Además, puede disminuir considerablemente su nivel de autoestima. Pueden ir de uno al otro extremo. A veces se sienten solas y les parece que nadie las apoya en su tragedia. Otras veces sienten que algunos invaden su vida y se inmiscuyen en lo que no han permitido.

Muchas veces quienes viven la dura experiencia del divorcio son blanco de una gran cantidad de crítica de los parientes, y en medio de este tormento emocional deben enfrentar otros conflictos. La confusión que experimentan los niños, los conflictos que surgen cuando se debe decidir qué hacer con los bienes comunes, la nueva proyección del futuro y los sentimientos de fracaso o culpa son una carga muy difícil de llevar.

Sin duda, hay muchos efectos más que no he mencionado y que son parte de quienes más sufren todo este proceso. Generalmente son las mujeres pues tienen una fuerte tendencia a asumir la mayor parte de la culpa, a pesar de que todos sabemos que un matrimonio falla por errores de ambas partes.

Siempre quedan preguntas en la mente de la persona que pasa por el dolor del divorcio. Muchas de estas interrogantes mueven a los cónyuges a cuestionarse para saber si en verdad hicieron todo lo posible por evitar la separación. Esto pasa sobre todo en el cónyuge que más ha luchado y que ha actuado con mayor sinceridad.

Esta gran presión generalmente va en aumento debido a la incomprensión de determinados líderes de congregaciones que malinterpretan el concepto bíblico de sujeción y aconsejan que la persona que se encuentra en una relación destructiva siga soportando el calvario que vive. No dudo que muchos de ellos temen facilitar a la gente el divorcio e intentan que la persona luche hasta el último momento. Pero hay otros que creen que el cónyuge que sufre debe seguir soportando hasta la muerte y exigen la aplicación de erróneos principios bíblicos obligando a la persona a una total sumisión, pese a las situaciones angustiosas y peligrosas que vive.

Roberto anhelaba con todo su corazón vivir bajo los principios cristianos. Había nacido en un hogar cristiano. Sus padres fueron ejemplo de sabiduría. Como el menor de cuatro hermanos, era la felicidad de sus padres. Nació después de diez años del nacimiento del tercer hijo. Cuando se casó a los veintitrés años, todos sus hermanos llevaban varios años de casados. Sus reuniones familiares eran felices. Sus padres, sus hermanos, sus cuñadas y los sobrinos disfrutaban de hogares muy bien constituidos.

El día que llegó a mi oficina estaba deshecho. Era precisamente el día de su cumpleaños. Podía ver en su rostro la amargura. Los dos primeros años fueron normales. Su sufrimiento comenzó al tercer año de matrimonio cuando volvió de un viaje de quince días. Era ejecutivo de ventas de su empresa y acostumbraba a viajar. Al regresar de uno de sus viajes vivió la experiencia más traumática. Descubrió que su esposa lo engañaba.

Durante siete años soportó el martirio del rechazo. Sabía de al menos dos amantes que fueron parte de las aventuras de su esposa. Ni recordaba las ocasiones en que Elsa abandonó el hogar. Sus hijos y él sufrían. En algunas ocasiones lloraron juntos suplicando a Elsa que no se fuera. Ella se consideraba una esclava en ese hogar. No solo lo sentía, sino que lo decía constantemente.

Después de un año de asesoramiento, Roberto me contó cosas que nunca se imaginó podría vivir. Recordaba de aquellos terribles momentos en que estaba presionado para seguir soportando el maltrato, la humillación y el pecado de su esposa. Me relataba lo que pensaba en medio de su sufrimiento. Me decía que todos sus hermanos tenían hogares estables, mientras que él luchaba por no fracasar. Buscaba en todos los escondrijos de su memoria dónde había fallado. Se sentía culpable. Sus padres, sin decirlo directamente, lo instaban a soportar con paciencia. Pero por sobre todas las presiones, ninguna se igualaba a la que sentía por ser líder de una congregación y recibir permanente consejo de su pastor de: «No le falles a Dios», «Perderás tu liderazgo», «Qué le vas a decir a tus hijos más tarde», «Dios aborrece el divorcio», «En qué eres distinto al mundo si haces bien solo a los que te hacen el bien», «Dios al final te dará la victoria», eran algunas de las expresiones que más repetía su pastor.

Un año después de iniciar el proceso de asesoramiento, Roberto y sus hijos disfrutaban de la mejor época de su vida familiar. El proceso no fue fácil. Tuvo que abandonar la iglesia que tanto amaba y a los amigos creyentes con los que había crecido. Sus niños mejoraron sustancialmente sus calificaciones en la escuela. Roberto tenía paz y tranquilidad para trabajar, y podía llegar a su casa y encontrar a su madre disfrutando de la compañía de sus nietos. La vida no era fácil para Roberto, pero era normal. Tenía el control de su vida y dirigía a su familia con paciencia. Un año muy difícil, pero un año sin incertidumbre. Roberto sabía hacia donde se dirigía. Había logrado encontrar sanidad de las heridas emocionales sufridas. Aunque ni pensaba en casarse todavía, había aprendido a ser padre y madre para hijos que ama y que necesitaban estabilidad y seguridad. Por supuesto, nadie puede reemplazar totalmente a una madre, pero tampoco se debe permitir que una madre que prefiere la vida pecaminosa en vez de una relación de amor con su familia, cause tanto dolor y angustia a inocentes.

Muchas preguntas inundan la mente de la persona divorciada o de la que está en proceso de hacerlo. Se pregunta: ¿Habré fallado? ¿Habré hecho lo que debía? ¿Habré cumplido la Palabra de Dios o solo me he dejado guiar por mis sentimientos? ¿Cómo sustentaré a mi familia? ¿Quién me ayudará cuando se dañe el automóvil? ¿Me apoyará mi familia? ¿Me aceptarán en la iglesia? ¿Qué consecuencias tendrán mis hijos al criarse sin padre? Usted sabe que esas preguntas son válidas. De ninguna manera espero que se pasen por alto. Es peligroso hacerlo. Es sabio buscar las respuestas porque al no hacerlo preparamos el terreno para la indecisión. No podemos enfrentar el problema sin encontrar respuesta a estas y cientos de otras preguntas.

El divorcio puede ser tan traumático como la muerte de un cónyuge. Así como es difícil soportar el dolor y es duro e inevitable el proceso posterior a la pérdida de un ser querido, también cuando llega el divorcio, llega la angustia. El dolor y la ansiedad inundan la casa. Los cónyuges están obligados a vivir el inevitable proceso de rompimiento y todo el dolor que esto implica, para después transitar por el doloroso proceso de sanidad.

Enfrentar las falsas motivaciones

El divorcio hoy, como en los días de Jesucristo, no es de ninguna manera una solución total. Sin embargo, ofrece esperanza. Cuando se enfrenta adecuadamente, puede permitir el funcionamiento productivo de la persona y su reintegración a la sociedad. El divorcio, si las condiciones en que vive uno de los cónyuges son deplorables, permite romper la terrible y traumática situación y tener esperanza de recuperación.

Por favor, entiéndame bien. La pareja debe permanecer unida tratando de utilizar todos los medios apropiados disponibles, y tratando hasta los últimos momentos de restaurar su relación interpersonal. Los cónyuges deben estar dispuestos a renunciar a todo lo que es renunciable, aceptar que no podemos cambiar a la otra persona, y aceptar que para tener éxito en la relación matrimonial es imprescindible aprender a vivir con las diferencias. Sin embargo, hay cónyuges que por las condiciones deplorables de su relación conyugal no deberían permanecer juntos.

He notado que muchos de los que deciden permanecer en la relación matrimonial a pesar del tremendo conflicto que viven, a pesar del constante maltrato que experimentan o del conocido adulterio que existe, generalmente lo hacen porque tienen motivaciones equivocadas. Algunos continúan solo por temor. Otros reciben presión de su cónyuge, de la familia o de la sociedad. En muchas ocasiones se sienten presionados debido al maltrato físico y sicológico que están experimentando.

Vicky nunca había trabajado. A los cuarenta y dos años de edad no sabía por dónde comenzar. Su esposo sabía manipularla. Era un borracho violento que a pesar de su educación rompía todas las reglas de la decencia. Vicky sabía que tenía una amante, pero nunca hablaban del asunto. Un día, llegó desesperaba a mi oficina cuando descubrió que su marido tenía otra hija. Ella había esperado y orado durante ocho años.

Su mejor amiga era Alegría, una anciana de la congregación. Constantemente la animaba y le daba palabras de esperanza. Sus consejos más que basados en la Biblia provenían de su arsenal de experiencias. Alegría no siempre había disfrutado del gozo que hoy tenía. Por más de veinte años odió su nombre. Su esposo, también un alcohólico violento, la humilló con sadismo. Un día maravilloso Dios lo transformó milagrosamente. En verdad fue un milagro. Fue la respuesta a veinte años de oración.

Alegría quería que Vicky usara la misma fórmula. Orar, soportar el castigo y tener paciencia. Vicky se olvidaba que a Dios no se le mete en una fórmula. Se olvidaba que no solo existe la soberanía divina, sino también la responsabilidad humana.

Después de muchas sesiones comenzó a aflorar la verdad. Su permanencia con un hombre tan abusador no se debía a la esperanza que tenía, sino a los temores que le invadían. No era tanto la confianza en que Dios haría un milagro, sino el temor de que nunca había trabajado y no tenía ninguna profesión. Además, su esposo la amenazaba con quitarle todo apoyo económico y ella no estaba dispuesta a renunciar al estilo de vida de clase media que él le daba.

Muchas personas creen que no tienen otra salida y deciden permanecer juntos solo por la gran dependencia económica que se ha ido construyendo a través de los años. He notado que existe una gran cantidad de parejas que siguen juntos exclusivamente por causa de los niños y algunas porque sus congregaciones les prohíben el divorcio, a pesar de que el adulterio se ha comprobado. Cuando el deseo o la actitud de abandono es real, y el cónyuge culpable del comportamiento pecaminoso no desea cambiar, es necesario que exista antes la separación y de no producirse cambios se debe buscar el divorcio. Si las falsas motivaciones que tienen algunos cónyuges para permanecer juntos están impidiendo la separación, la relación interpersonal se puede convertir en una tragedia mucho más grave.

Por cierto el divorcio involucra tragedia; pero mayor tragedia es seguir dando ocasión al constante abuso, al interminable castigo o al conocido y denigrante adulterio.

Comprensión sin condena

Creo que quien no ha vivido años de lucha por salvar su matrimonio y que pese a sus esfuerzos ha terminado en el divorcio, con mucha facilidad puede tener una actitud condenatoria. Es fácil condenar cuando uno tiene una relación normal. Sin embargo, no es sabio evitar el divorcio cuando usted descubre que su esposa era lesbiana o su marido homosexual o adúltero que no desea cambiar. No es saludable evitar separarse de alguien que tiene una o dos mujeres fuera del matrimonio. Es un error no separarse cuando usted y sus hijos son víctimas de un maltrato físico constante de parte de alguien que con sus actos le dice que no desea vivir con usted.

Cuando no hemos vivido ninguna de estas tragedias, el camino más sabio que debemos elegir es formar nuestras convicciones personales mediante un serio estudio sistemático y exegético de lo que la Palabra del Señor enseña sobre el tema. No es lo que yo sienta, sino lo que la Biblia enseña. No es lo que yo crea, sino lo que se desprende de un estudio profundo de las Escrituras y el consejo sabio de expertos en su interpretación.

La mayoría de las personas han formado su opinión sobre el tema a través de los años debido a la influencia de los padres o de la iglesia a la que han asistido. Otros solo mantienen la posición que tiene su denominación sin siquiera haberla estudiado personalmente. Es sabio determinar su posición después de un exhaustivo estudio de la Biblia.

Lamentablemente he encontrado congregaciones que están listas a poner un terrible peso o llevar a la angustia a las personas que se encuentran sufriendo. No se dan cuenta de las difíciles experiencias que viven quienes tienen un problema grave en su relación matrimonial y cuya salida menos trágica puede ser el divorcio. La labor de la iglesia debe ser brindar esperanza, ayuda y restauración para los que lo necesitan.

Lo extraño y sorprendente es que es más común encontrar congregaciones que ofrecen ayuda, restauración y completa comunión a un asesino que entregó su vida al Señor en la cárcel, mientras que se niegan a ofrecer ayuda y restauración y completa comunión a una mujer que tuvo que divorciarse de alguien que la maltrataba. Es triste que un hombre que luchó por mantener su matrimonio y que, pese a su profundo deseo y esfuerzos no pudo evitar el divorcio, no pueda tener en una congregación el mismo privilegio de quien fuera un criminal a pesar que sabemos que el matrimonio es imposible cuando uno de los cónyuges renuncia a seguir en la relación conyugal. Es lamentable que a quien su esposa decidió abandonar definitivamente no le permitan participar de la eucaristía, a pesar de que sabemos que para poder continuar el matrimonio al estilo bíblico no solo se necesita la decisión y esfuerzo de una persona, sino de los dos.

Durante más de veintisiete años, Jaime había maltratado a su esposa. Sabía manipularla con astucia. Después que su esposa lo abandonó buscó mi ayuda. Me conocía lo suficiente pues sabía que yo era, según él, el causante de que su esposa lo abandonara. No fue una tarea fácil convencer a Blanca que era necesario terminar con esa relación destructiva. Su nivel de autoestima estaba tan bajo que aparecía como una mujer sin valor ni dignidad.

Después de divorciados, Jaime quería pedirle perdón a su esposa. Blanca vivía una vida normal. Sus hijos, todos casados, la apoyaban en todo. Incluso había encontrado un trabajo y se mantenía ocupada en muchas actividades de la iglesia. Cuando le pregunté si quería darle a su ex esposo la oportunidad de pedirle perdón, no dudó ni por un momento en aceptar tener una reunión.

Jaime había recibido mi asesoramiento por más de tres meses y había llegado a la conclusión de que era muy importante pedir perdón. Asistía fielmente a una congregación y estaba creciendo espiritual y emocionalmente. La reunión fue impresionante. Cuando pedí a Blanca que expresara sus sentimientos a fin de que Jaime supiera sobre qué pedir perdón, ella me pidió unos minutos para poner en orden sus pensamientos. Nos mantuvimos en silencio por más de tres minutos. Usted podía cortar el aire con una navaja. El ambiente era tenso y deprimente. Con mucha calma, Blanca comenzó su relato. Por más de cincuenta minutos sin hacer acusaciones expresó el sufrimiento que había experimentado. Entre lágrimas, suspiros y sollozos sacaba el dolor que había guardado por tantos años. Yo conocía toda la historia, pero ella necesitaba decírselo a quien había sido causante de tantos años de desdicha.

Muy conmovido, Jaime pidió una y otra vez perdón. Blanca lo perdonó y le dijo que esperaba no volver a verlo. Quería mantenerse a la distancia más prudente de él. Jaime no procuraba acercarse. Solo necesitaba sanar su vida y por primera vez ser honesto y sincero.

Sin embargo, lo más impresionante fue lo que Jaime me contó en las siguientes sesiones de asesoramiento. Me ayudó a entender algo más sobre la realidad de un abusador. Ellos no son tontos, son inteligentes. Son expertos en la manipulación. Jaime me decía que se sabía hasta versículos de la Biblia que le ayudaban a manipular a su esposa. Sabía que el pastor de la congregación que Blanca asistía era un gran aliado indirecto de su abuso. En algunos casetes, con mensajes que su esposa le había llevado a casa en varias oportunidades, escuchó las enseñanzas sobre la sumisión de la mujer. Jaime sabía que su esposa no debía abandonarlo, que debía seguir orando por él y solo entregar su carga al Señor. Eso era lo que predicaba el pastor de Blanca.

De vez en cuando Jaime sacaba versículos bíblicos que le recordaban a su mujer que debía tener paciencia. A veces, con más astucia, realizaba declaraciones como estas: «Creo que tu Dios me está tocando» o «Algún día creo que iré a tu iglesia». Sabía que eso aumentaba la esperanza de Blanca y que seguiría teniendo paciencia con él. Sabía que así podría seguir maltratándola.

Hay congregaciones que muestran en la práctica su falta de amor y misericordia por mujeres que sufren el castigo sicológico y físico de hombres rebeldes y pecadores y en algunos casos con serios trastornos mentales. En muchos casos no solo se les impide separarse del abusador, sino que además les prohíben buscar un cónyuge que les ame, proteja, ayude y que inicie su nueva familia con esperanza y paz.

El divorcio, en las circunstancias que es justificado y cuando llega como resultado de un proceso de asesoramiento, todavía tiene validez y sigue siendo una puerta de salida para los que sufren situaciones insoportables. Es doloroso ver que la mayoría de las personas que han vivido el dolor del divorcio, que se han arrepentido del pecado y han cambiado totalmente sus vidas, todavía se encuentren asustadas y temerosas de buscar la comunión. Se sienten personas de segunda clase a pesar de que necesitan restauración. Jesucristo vino para salvar a los pecadores y rechazó a los religiosos autosuficientes que condenaban a los que necesitaban de la gracia y la misericordia de Dios. Nosotros también debemos imitar ese ejemplo.

Pérdidas irreparables

El divorcio es una tragedia porque produce pérdidas irreparables. El dolor es realmente inmenso. Muchas personas sienten desesperación porque les parece que nunca más volverán a la normalidad. El proceso de lamento y recuperación a veces es muy largo y es imposible evitarlo. Dependiendo de su decisión y los esfuerzos comprometidos, es un proceso más largo para unos que para otros, pero es imposible evitarlo. La verdad es que hay que vivirlo.

Si hacemos un análisis de las pérdidas que sufrirán los divorciados, concluiremos que son muchas y variadas. Se pierde una relación interpersonal que no ha sido sencilla; una relación interpersonal que se construyó a través de los años. Se termina una relación que tomó mucho tiempo de desarrollo y que incluyó buenos y malos momentos. Partiendo de un punto cero se llegó a un cierto nivel de acercamiento entre dos seres humanos. Luego se vivió un proceso de deterioro de la relación conyugal que terminó en una situación insoportable. El proceso inverso, es decir, separarse de la persona con que un día se juntó, dejar de amar a alguien, dejar de servirle, dejar de compartir con esa persona amada, dejar de reír con quien reía, dejar de caminar con quien solía hacerlo y muchas otras cosas más, no permiten que el divorcio sea una experiencia fácil.

He notado que el dolor que experimentan los cónyuges no depende de quién tomó la decisión. Sin importar de quién haya hecho el mayor esfuerzo por mantener el matrimonio, duele de todas maneras.

Durante la convivencia de los cónyuges existieron acciones y actitudes que han lastimado. Los conflictos provocaron dolor y, por lo tanto, existirán angustias y resentimientos que necesitan sanidad. Se comienza a vivir un proceso inverso del que se vivió al inicio del matrimonio. El enamoramiento y el noviazgo que culminó con el matrimonio fue un proceso paulatino, un lento acercamiento a la persona amada. Ahora es un tiempo de separación paulatina y lenta.

Este proceso de separación se inicia aun cuando los cónyuges viven juntos, continúa después que se firmó el divorcio y en determinados casos, dependiendo de las personas y las circunstancias, el proceso nunca termina. Sobre todo cuando existen hijos, el proceso nunca termina. En este proceso reversivo, así como planificó y usó su inteligencia para buscar la manera de conocer y de acercarse a la persona que quería, hoy debe usar esas mismas armas para buscar vías para separarse de dicha persona a quien dice dejó de querer. Poco a poco las personas divorciadas comienzan a convertirse en extraños a diferencia del inicio del matrimonio cuando comenzaban a convertirse paulatinamente en cercanos, en íntimos.

CONSECUENCIAS DE LA TRAGEDIA

Después de estudiar este tema por tanto tiempo y escuchar

muchos testimonios estoy convencido que existen serias consecuencias.

Proceso de dolor

El divorcio inevitablemente traerá un profundo dolor, a pesar de que junto a nosotros está nuestro amante Señor. Recuerde que Dios no nos ha prometido una vida donde no existe dolor. Al contrario, Jesucristo advirtió a sus discípulos que en el mundo tendrían aflicción. Los sufrimientos son inevitables. El sufrimiento no es un curso opcional, sino obligatorio en la universidad divina. La presencia del Señor en nuestras vidas no impide que experimentemos dolor. Sin embargo, su presencia sí nos asegura que tendremos poder disponible para utilizar con sabiduría.

Proceso de lamento

En el divorcio los lamentos son inevitables, pero debemos actuar con sabiduría para que el proceso de restauración no sea una experiencia interminable.

Es triste, pero muchas personas no saben cómo enfrentar su conflicto y no buscan ayuda. Por lo tanto, no solo experimentan el dolor del divorcio, sino también el de que la experiencia dolorosa nunca termine. No es posible escapar del proceso de lamento, pero sí se puede evitar llevar toda la vida en tormento.

Confusión, dolor y angustia

La confusión de sentimientos, el dolor y la angustia de seguro estarán presentes, pero debemos evitar que nos destruyan emocionalmente.

Debido a que es un proceso emocional doloroso, la persona experimenta muchos cambios. Sus emociones variarán en dependencia de las circunstancias. Pero es importante aprender a tener en control las emociones para evitar traumas y conflictos mayores.

Elisa estaba sumida en la depresión. Se sentía culpable de

que su marido la hubiera abandonado. No podía controlar sus emociones y mucho menos a sus hijos.

Todo su mundo se derrumbó cuando su esposo prefirió a su amante. La soledad la martirizaba y la deprimía al enfrentarse a un mundo de circunstancias que siempre había resuelto su esposo. Sus hijos adolescentes parecían no cooperar con ella. Se sentía tan deprimida que fue a mi oficina porque algunas noches sin poder conciliar el sueño le trajeron pensamientos de suicidio. El divorcio, el trabajo, los conflictos con hijos adolescentes son suficientes factores estresantes como para provocar una crisis. Elisa estaba en una crisis. Pero el más grave problema no era la crisis en sí, sino la ausencia de conocimiento para manejarla.

Por supuesto que el dolor, la angustia y la confusión son inevitables, pero con sabiduría se pueden eludir consecuencias emocionales lamentables. Asesoré a Elisa para que comenzara un programa de ejercicios, hicimos un horario para su semana y después de algún tiempo su nivel de estrés estaba en proceso de descenso y ya comenzaba a ver la vida con ojos de esperanza.

GRACIA Y CONSOLACIÓN

Hay consecuencias del divorcio que no se pueden evitar, pero la persona que confía en Dios y aplica sus principios recibirá gracia y consolación.

La experiencia demuestra que si las personas con una gran determinación y la ayuda de Dios viven con sabiduría este proceso, llegará el día cuando esta experiencia dejará de ser dolorosa. Se debe confiar en que este sufrimiento puede tener un tiempo limitado. La gracia de Dios estará junto a todo el que ponga su pesada carga sobre Él y así esta experiencia, aunque produce dolor, no se transformará en una pérdida total. La Palabra de Dios nos asegura que a los que aman a Dios todas las cosas les ayudan a bien (Romanos 8.28).

Sin duda, usted puede relatar experiencias dolorosas vividas en el pasado. Pero ahora puede mirar hacia atrás y sabe que ha tenido victoria. Incluso entiende que era necesario pasar por algunas experiencias no placenteras y que obtuvo lecciones que de ninguna otra manera hubiera aprendido. Le aseguro que lo mismo ocurrirá después del divorcio si depende del Señor y actúa con sabiduría. Si busca orientación y con determinación aplica los principios bíblicos, también llegará el día en que podrá recordar los tristes acontecimientos vividos, sin tener que llorar, sin que su corazón esté inundado por el rencor. Por el contrario, si deja que esta situación le sumerja en el pozo de la desesperación, no hace un gran esfuerzo personal, ni aprovecha del poder, la gracia y la misericordia del Señor para salir, quedará inmerso en la autoconmiseración. Si la persona acepta la ayuda que Dios le ofrece, poco a poco avanzará en este proceso de restauración y alcanzará la sabiduría que le permitirá vivir en victoria pese a las dificultades que tendrá que enfrentar. Si usted acepta la ayuda que Dios le promete, un día tendrá más fuerza y sabiduría para enfrentar la situación.

Beneficios de un hijo de Dios

Para un hijo de Dios que actúa adecuadamente, toda experiencia, por dolorosa que sea, traerá beneficios que le enseñarán a caminar con sabiduría.

El apóstol Pablo dice:

> Si vienen aflicciones a nuestras vidas, podemos regocijarnos también en ellas, porque nos enseñan a tener paciencia; y la paciencia engendra en nosotros fortaleza de carácter y nos ayuda a confiar cada vez más en Dios, hasta que nuestra esperanza y nuestra fe sean fuertes y constantes. Entonces podremos mantener la frente en alto en cualquier circunstancia, sabiendo que todo irá bien, pues conocemos la ternura del amor de Dios hacia nosotros, y sentiremos su calor dondequiera que estemos, porque Él nos ha dado el Espíritu Santo para que llene nuestros corazones de su amor (Romanos 5.3-5, *La Biblia al día*).

Recuerde que para Dios no hay experiencia perdida. Por lo tanto, para los hijos de Dios que se someten a sus principios y que buscan su ayuda, estas experiencias, por dolorosas que sean, serán beneficiosas. El cristiano no está exento de problemas y de angustias. El cristiano no está exento de vivir el doloroso proceso de divorcio, pero cuando lo viva, junto a él está Jesucristo. Si el cristiano decide tomar una buena actitud, su ejemplo beneficiaría a cristianos y no cristianos.

Pablo admite con absoluta seguridad que todas las cosas que le sucedieron, tales como prisiones, cárceles, conflictos, angustias, rechazo, etc., redundaron para el progreso del evangelio. El progreso fue posible porque otras personas que no conocían el mensaje de Jesucristo se beneficiaron al ver la forma en que Pablo enfrentaba los conflictos. Por ese testimonio maravilloso de fe, buena actitud y confianza en medio de situaciones dolorosas, algunos decidieron abrazar la fe en Jesucristo.

No solo el mundo sin Cristo se benefició de la actitud positiva de Pablo, también alentó a los hermanos de la congregación. Pablo dice que «la mayoría de los hermanos, cobrando ánimo en el Señor con mis prisiones, se atreven mucho más a hablar la palabra sin temor» (Filipenses 1.14).

En toda experiencia que Dios nos permite vivir a pesar de lo dolorosa que sea en el momento, existen beneficios potenciales. Todo lo que Dios permite en nuestra vida tiene un propósito y si en verdad creemos en la soberanía de Dios, debemos entender también que Él nunca permitirá nada malo para sus hijos. Aun las experiencias de sufrimiento, aun las cosas que parecen no tener beneficios inmediatos redundarán en positivas consecuencias en el futuro.

Pablo dice que tenía un aguijón que le producía mucho dolor y debido a eso había pedido a Dios en tres oportunidades que se lo quitara. Sin embargo, el Señor le hizo comprender que ese permanente dolor tenía un propósito. Dios usaba ese instrumento doloroso para cumplir un propósito. La buena noticia es que el Dios que permite la aflicción, también ofrece su gracia para poder soportarlo. Dios nunca pierde su tiempo, ni nosotros seremos perjudicados en las experiencias que nos permite pasar. Aun de las cosas más tristes y difíciles podemos sacar beneficios siempre y cuando nos sujetemos a sus mandamientos y dependamos de su poder.

De esto da fe una mujer que experimentó el dolor del divorcio y así me lo manifestó al finalizar una de mis conferencias para madres y padres solteros:

> Después de vivir veintitrés años como dueña de casa, encerrada en cuatro paredes y totalmente dedicada a mi esposo e hijos comprendí que yo también existía y que había un mundo muy grande fuera de mi casa. El dolor, las lágrimas, la toma de decisiones y las responsabilidades me obligaron a encargarme de mi vida. Me di cuenta que necesitaba depender de Dios y no de mi marido. Ahora he comprobado lo que usted tanto me decía. El contentamiento no depende de personas, cosas ni circunstancias, sino de mi relación con Dios y mi obediencia a sus mandatos.

A medida que esta mujer me contaba su experiencia, sentía la seguridad que manaban sus palabras. Testimonios como este certifican que quien actúa con sabiduría y se somete a Dios y sus principios recibirá beneficios aun de las experiencias más dolorosas.

Hermanos que apoyan

Busque hermanos sabios y comprensivos con quienes tenga comunión, estos le servirán de apoyo, compañía, consuelo y comprensión.

El salmista dice: «¡Mirad cuán bueno y cuán delicioso es habitar los hermanos juntos en armonía» (Salmo 133.1). El apóstol Pablo también le dice a los hermanos de Corinto que debemos apoyarnos mutuamente porque somos parte del mismo cuerpo. Hablando de la preocupación, el apoyo y el servicio que debemos prestarnos dice: «De manera que si un miembro padece, todos los miembros se duelen con él, y si un miembro recibe honra, todos los miembros con él se gozan. Vosotros, pues, sois el cuerpo de Cristo, y miembros cada uno en particular» (1 Corintios 12.26-27).

El escritor de Hebreos nos exhorta a no dejar de congregarnos como algunos tienen por costumbre, nos invita a que nos consideremos unos a otros para estimularnos al amor y a las buenas obras (véase Hebreos 10.24-25).

Andar con sabios nos traerá beneficios, así lo dice Proverbios 13.20. Relacionarse con personas que pueden y están capacitadas para ayudar, le permitirán recibir apoyo, compañía en los momentos de soledad y comprensión de la situación que vive.

Debido a que no todas las congregaciones están preparadas para mostrarse como una comunidad de apoyo y servicio mutuo, si usted se encuentra en una congregación que no le ofrece el apoyo bíblico necesario, creo que en medio de estas experiencias dolorosas sería razonable informar a su pastor que va a buscar un lugar en que existan grupos de apoyo o algún consejero especializado que le brinde la orientación necesaria.

Comprensión y ayuda para el proceso

Busque la posibilidad de recibir ayuda profesional capacitada. Esto le ayudará a comprender el proceso y a recibir herramientas adecuadas.

Si busca la ayuda necesaria, esta puede darle aliento. Podrá comprender que no es la única persona que vive esta experiencia, sino que existen otras que pueden darle algunos sabios consejos sobre cómo enfrentar la situación. La conversación con personas sabias siempre será beneficiosa. Note que le sugiero personas sabias.

Obviamente este es un proceso que no vivió con anterioridad, por eso necesita recibir instrucción para saber enfrentarlo. Al recibir consejería de un profesional cristiano tendrá la posibilidad de escuchar el desinteresado consejo de alguien que ve la situación con más objetividad y que no está bajo la influencia de las emociones. Un buen consejero le ayudará a entender la crisis en que se encuentra y recibirá herramientas que le permitan enfrentar la situación que vive y no solamente soportarla.

Recuerde que ninguna persona tiene todo el conocimiento de lo que debe hacer y que todos necesitamos ayuda para enfrentar las circunstancias difíciles que encontramos en nuestra vida.

El divorcio como privilegio

Sé que la simple mención de este subtítulo que elegí puede de inmediato provocar una reacción negativa en muchas personas. Pensar en el divorcio como un privilegio quizás resulte una idea muy chocante. Sin embargo, en mi concepto el divorcio es un privilegio que Dios nos otorga a manera de corrección cuando existe una relación conyugal pecaminosa, intolerable y peligrosa que no tienen esperanza de cambiar.

El diccionario define a la palabra «privilegio» como «gracia o prerrogativa que concede el superior exceptuando o libertando a uno de una carga o gravamen o concediéndole una exención que no gozan otros». Por eso digo que el divorcio puede ser un privilegio debido a que es una gracia o una prerrogativa que Dios concede para quitarle a la persona en desesperación esa carga o el gravamen que la agobia y así le concede una exención a quienes no gozan de una relación conyugal saludable.

Debemos recordar que lo primero que ocurre en la relación matrimonial son las fallas y diferencias entre los cónyuges. Luego vienen los divorcios. Creo que el alto porcentaje de ellos es simplemente un gran indicador de lo mal que se están conduciendo los matrimonios.

El privilegio ante lo imposible

El divorcio es un privilegio cuando en el matrimonio existen insuperables problemas conyugales y no hay esperanza de que se salve.

Puedo mencionar el caso de Chela (nombre ficticio) que

vino a recibir asesoramiento. Esta mujer sufría el castigo constante de un hombre adúltero y dominado por el vicio del alcohol. Después de escuchar por meses y tratar toda estrategia para tratar de cambiar la situación, me di cuenta que esta señora vivía una situación intolerable. No solo existía un constante y persistente rechazo, no solo su autoestima estaba por el suelo, sino que además tenía frente a mí a una mujer llena de traumas y angustias.

La razón de su visita fue la desesperación que sentía porque no encontraba un escape a su situación. Solo unos pocos días antes a su visita, había llegado a la conclusión que lo mejor que podía hacer era terminar con su vida. Pensaba, erróneamente, que estaba obligada a soportar ese martirio toda la vida y que debía seguir viviendo con un hombre que con palabras la obligaba a permanecer con él, pero con su adulterio y acciones la estaba abandonando. Sin duda, para ella era un privilegio escuchar esta buena noticia. No estaba obligada a seguir viviendo en esa situación y que la Palabra de Dios le ofrecía una puerta de escape del maltrato que estaba recibiendo.

El divorcio era un privilegio para esta mujer de treinta y cinco años de edad porque era víctima de una terrible situación. Para ella era un privilegio saber que la Palabra de Dios no la condenaba por su decisión de romper aquel vínculo tan destructivo. Había esperanza para ella y su única hija, pues ambas eran víctimas del abuso. El divorcio era un privilegio porque al salir de los maltratos físicos y emocionales tenía la oportunidad de restaurar su vida, de buscar el apoyo de una congregación y vivir en paz con su hijita. Por primera vez tendría la libertad de buscar la ayuda espiritual y profesional que su propio marido le impedía buscar. La liberación de aquel vínculo perjudicial y destructivo le brindaba la oportunidad de que nadie le impidiera ser amada por familiares y otros cristianos que ni siquiera podían acercarse a ella por las amenazas del marido. De nuevo la respetarían. En condiciones como las que vivía Chela y su hija, el matrimonio era imposible y el divorcio un privilegio.

Cuando se maltratan a los niños y los cónyuges sufren constantemente el castigo físico y tortura sicológica, lo que en verdad existe es un permanente martirio. Esa aberración no debe describirse como vida conyugal. Lamentablemente lo que está ocurriendo es una destrucción gradual. Cuando existe maltrato y constante adulterio, lo que en verdad se produce es una muerte lenta. Además, quien sufre tiene el derecho a preferir la vida. La persona maltratada tiene a su disposición el privilegio de abandonar aquel vínculo tan destructivo.

Es indudable que el divorcio por maltrato físico no aparece en las Escrituras, pero claramente podemos notar que estas agresiones pueden hacer un tremendo daño espiritual, físico y sicológico a sus víctimas y son evidentes señales de que el marido no consiente en vivir con su cónyuge. En mi concepto, cuando un cónyuge se constituye en un agresor, no consiente en vivir con quien maltrata. Puede que acceda de palabra, pero sus acciones niegan su deseo de permanecer en una relación conyugal. Tal vez quiera continuar la relación que le permite abusar, pero no la vida matrimonial conforme a las Escrituras (1 Corintios 7.12-13).

Ninguna persona, aunque sea cristiana, tiene la obligación de estar casado con alguien que tenga un comportamiento anormal comprobado. Someterse a esos ataques no es bueno ni tampoco saludable porque los que manifiestan tal agresividad piensan anormalmente y actúan como personas con problemas sicológicos que deben tratarse. Sicológica y espiritualmente los cónyuges que están en tal situación no tienen una buena salud. Es demasiado el sufrimiento para permanecer saludable. El abusador tiene un comportamiento pecaminoso que puede perdonarse, pero que no tiene que aceptarse ni soportarse durante toda la vida con una actitud masoquista.

El privilegio de la sumisión

A muchas mujeres cristianas muy sinceras las han guiado equivocadamente y han llegado a creer que aceptar el castigo es parte de la obligación de una esposa sumisa. Esto es un pensamiento del todo contrario a la verdadera sumisión que enseña la Palabra del Señor.

Lo que describe la Biblia se define como la sumisión «en el Señor» (Efesios 5.22). El versículo 21 de Efesios 5 que precede al mandamiento a las mujeres a ser sumisas a sus maridos indica con claridad que las mujeres no son las únicas que deben practicar este concepto bíblico. Es evidente que este es un principio universal que deben practicarlo todos los miembros del Cuerpo de Cristo.

La Biblia dice: «Someteos unos a otros en el temor de Dios» (Efesios 5.21). Por tanto, si alguien no considera que es una obligación mutua, no ha entendido el consejo del apóstol. Las esposas deben ser sumisas a sus esposos y los esposos a sus esposas y ambos al Señor.

Otra muestra que Pablo claramente pone la misma responsabilidad sobre ambos cónyuges la encontramos en esta exhortación:

> El marido cumpla con la mujer el deber conyugal, y asimismo la mujer con el marido. La mujer no tiene potestad sobre su propio cuerpo, sino el marido; ni tampoco tiene el marido potestad sobre su propio cuerpo, sino la mujer. No os neguéis el uno al otro, a no ser por algún tiempo de mutuo consentimiento, para ocuparos sosegadamente en la oración; y volved a juntaros en uno, para que no os tiente Satanás a causa de vuestra incontinencia (1 Corintios 7.3-5).

La Biblia de ninguna manera enseña que las mujeres son inferiores a los hombres. Mucho menos que son ciudadanas de segunda categoría, ni que tengan más obligaciones delante de Dios que las que tiene su marido. Más bien sobre los maridos caen severas demandas al ser considerados líderes espirituales de la familia. Las esposas son «coherederas de la gracia de la vida» y de esa manera se deben tratar. Los maridos tenemos la obligación de respetar y tratar a nuestras esposas como vasos frágiles y se nos exhorta a vivir con ellas con gran sabiduría (1 Pedro 3.7).

Tampoco la Biblia falla en su reconocimiento de que las mujeres son capaces de alcanzar grandes logros. Ni enseña que ellas nunca deben expresar sus opiniones o sentimientos, ni expresar sus frustraciones y enojos. Es un error creer que todo desacuerdo u opinión contraria debe reprimirla la «autoridad» del hombre.

No creo que exista una posición capaz de producir mayor daño a la autoestima y dignidad de una persona que esta falsa interpretación que algunos mantienen. Por la Palabra de Dios tenemos el llamado a «amarnos con amor fraternal», a preferirnos los unos a los otros (Romanos 12.10). Debemos recibirnos los unos a los otros (Romanos 15.7), servirnos los unos a los otros (Gálatas 5.13). Debemos sobrellevar «los unos las cargas de los otros» (Gálatas 6.2) y animarnos los unos a los otros (1 Tesalonicenses 4.18). Quien no cumpla con estos mandamientos de la Palabra del Señor no solo pone en peligro su familia, sino que está claramente involucrado en un acto de desobediencia a Dios.

Es lamentable, pero existen mujeres casadas con maridos que mantienen una actitud egoísta y pecaminosa y que quieren constantemente sacar ventaja de su posición de «cabeza del hogar». En vez de cumplir su función en amor y respeto, actúan como tiranos. Tanto las mujeres que abusan como los hombres que se aprovechan de la autoridad recibida actúan en desobediencia a las expresas indicaciones divinas.

El divorcio nunca es necesario aun cuando ambos cónyuges hayan estado actuando mal si es que ambos tienen la más grande determinación de buscar ayuda para solucionar sus conflictos. Los cónyuges que, por sus diferencias lógicas y los errores que cometen los llevan a serios conflictos, deciden divorciarse y volverse a casar no han entendido sus responsabilidades. Quienes en vez de hacer un compromiso de arrepentimiento y cambio de acciones, palabras y actitudes, prefieren seguir en conflictos, actúan con orgullo y así demuestran a las claras su falta de honestidad y determinación para permanecer juntos. Si los cónyuges no están determinados a permanecer, y como un escape se divorcian y se vuelven a casar, no solo están en abierta desobediencia a los mandamientos divinos, sino que sufrirán las consecuencias de su pecado. Cuando esto ocurre, no solo serían dos personas miserables, sino posiblemente serían cuatro. Al casarse ambos con otras personas llevarán consigo sus propios conflictos y tarde o temprano se manifestarán otra vez en su nueva relación.

El privilegio de la liberación

En las Escrituras se nota que Dios no asumió una actitud indolente frente al hombre que había pecado y que había abandonado el ideal divino. Al contrario, descendió y se encarnó para ofrecer una solución. Lo mismo ocurre con el divorcio. Este se transforma en un privilegio cuando cumple el propósito de ayudar a resolver las realidades angustiosas.

De ninguna manera afirmo que esta salida a tal tipo de conflicto sea tan buena como permanecer en un matrimonio saludable que cumple el deseo original de Dios. Pero en la práctica es un remiendo para el problema del pecado.

Pensemos, por ejemplo, en que usted tiene un jarrón de cerámica muy fino y de pronto se le rompe. Podemos recriminar a la persona culpable diciéndole que debía haber tenido más cuidado. Esta a su vez puede contestar que sí tuvo mucho cuidado y a pesar de ello se le rompió. Esa es una nueva realidad. Pese al cuidado que tuvo, el jarrón está roto. En estas circunstancias nos vemos obligados a tomar una de dos opciones: o lo dejamos en pedazos o buscamos un pegamento especial para poder resolver el problema. La solución del problema no significa que el jarrón quedará en su estado inicial. Pero sin duda es mucho mejor que dejar la obra de arte totalmente rota.

Las soluciones de Dios siempre se ajustan a su sabiduría, aunque muchas veces parecen contradictorias a los hombres. Dios castigaba con la muerte a todo aquel que mataba a otro ser humano. Tanto el criminal como la víctima terminaban en la muerte. Matar al criminal era la solución de Dios para el pecado del hombre, aunque para el hombre no era la salida ideal y Dios está en contra del asesinato. La voluntad perfecta de Dios no era que un hombre matara a otro. Sin embargo, debido a la realidad del pecado era necesario ordenar una salida. De la misma manera el divorcio no es la voluntad perfecta de Dios, pero por el adulterio y el maltrato de quien no le interesa el propósito de Dios es necesario brindar una salida. Cuando no se disfruta de paz, comunión, cariño y amor y en determinado momento se descubre que sí existe la posibilidad de alcanzarlo en forma independiente y libre de las cadenas que lo ataban, el divorcio es un privilegio de liberación.

El privilegio de la restauración

El divorcio es un privilegio cuando permite la restauración a la vida normal de la persona que ha estado sujeta a un constante sufrimiento en su matrimonio. Cuando esa persona recobra la esperanza de una vida normal, porque ha logrado el rompimiento de aquel vínculo que le estaba destruyendo, el divorcio es un privilegio. A pesar de que las personas destruyeron el ideal divino para sus vidas y tendrán que seguir luchando y enfrentando todas las consecuencias debido al encadenamiento en que vivían y los pecados que cometían, el divorcio les permite la salida.

El divorcio es un privilegio cuando no es posible la reconciliación. Esta no es posible cuando uno o ambos no desean con sinceridad abandonar el adulterio y hacer todos los esfuerzos por conservar el matrimonio.

El matrimonio es una alianza entre dos personas. Es imposible mantener una alianza si uno de ellos está decidido a quebrantarla. Algunos pecadores no pueden aceptar que su cónyuge ame a Dios, se comporte como cristiano y que no esté de acuerdo en compartir la vida pecaminosa de adulterio o inmoralidad sexual que ha decidido vivir. Si una persona determinó la ruptura del vínculo matrimonial, todos los esfuerzos que haga la otra persona son prácticamente inútiles.

EL DIVORCIO Y LA ACTITUD DE LA IGLESIA

Por lo general, las congregaciones reaccionan como lo hacen sus pastores. La manera de actuar de los miembros de las iglesias es variada pues la actitud de quienes tenemos el llamado al ministerio es muy variada. Hay pastores que han tenido la formación necesaria para realizar un estudio adecuado y después de una seria investigación del texto bíblico y la influencia de otros hombres de Dios, también serios en su estudio, han llegado a sus propias conclusiones. Si es que estos hombres tienen una actitud de gracia y amor genuino, para ellos tengo un profundo respeto y aprecio, pese a que tengan una posición diferente a la mía. Creo que debemos mantener el respeto mutuo a pesar de las diferencias en las cosas secundarias. Ninguna persona tiene revelación para sentar cátedra ni ninguno de nosotros es el heraldo de toda la verdad.

Me entristecen los que nunca han estudiado profundamente el tema y su posición personal es la que han aprendido a través de los años por la influencia de otros. Me apenan los que no solo condenan el pecado del divorcio, sino en su legalismo y en forma muy sutil también condenan al pecador. Me afligen los que predican de la gracia pero no la viven.

Algunas personas debido al sufrimiento y al ambiente pecaminoso que vivían en su relación conyugal se han visto obligadas a usar el privilegio del divorcio. Debido a que su recuperación depende en gran parte del apoyo que reciba, la iglesia juega un papel muy importante.

Amar al pecador, pero aborrecer el pecado

La Iglesia de Cristo tiene el llamado de amar a los pecadores, pero rechazar el pecado. Incluso recibimos instrucciones de separar de la congregación a quienes después que hemos realizado exhortaciones personales, ante testigos y luego públicamente, persisten en vivir en pecado. Sin embargo, tenemos el llamado a ser instrumentos de reconciliación y restauración de quienes han cometido cualquier pecado y están sinceramente arrepentidos.

Las instrucciones de los líderes, la actitud de los miembros de la congregación y lo bíblico y práctico de los programas que ofrezcamos son herramientas eficaces para la restauración.

Lamentablemente existen congregaciones que condenan. No son capaces de brindar el ambiente propicio de amor y aceptación, ni tienen la infraestructura necesaria para facilitar la restauración. En esos casos, aunque soy alguien que enseña que debemos hacer todo esfuerzo por permanecer fieles en las congregaciones que el Señor nos ha puesto, creo que es indispensable que la persona divorciada busque otra congregación.

De ninguna manera abogo por el constante traslado de miembros, mucho menos apoyando a los que están errando porque cada vez que los confrontan por su pecado se cambian de congregación. No sugiero que las personas busquen congregaciones que lo entretengan y les permitan vivir de cualquier manera con tal de tener una gran membresía. Creo que eso es pecaminoso y lo rechazo. Sin embargo, también creo que una persona que busca restauración y ha pasado el dolor del divorcio debe buscar ayuda especializada. Si en su congregación le permiten y le animan a buscar ayuda, permanezca fielmente en ella pues es sabio el consejo que recibe. Si no encuentra apoyo en su congregación, y más bien se oponen a que busque asesoramiento, debe realizar un cambio inmediatamente. Busque otra congregación en que los líderes tengan una actitud de gracia, capacidad de ayuda, programas necesarios y sana doctrina bíblica.

Aun este proceso de cambio de congregación debe realizarse con amor cristiano, sujeción y profundo respeto. La persona debe comunicar claramente su situación al pastor. Debe además manifestar su profundo amor, pero también su desacuerdo con la posición de la congregación y su necesidad de que le ministren en esa esfera. Si es un miembro de esa congregación, debe renunciar y pedir su carta de traslado. De la misma manera debe comunicar con claridad al pastor de la nueva congregación sus deseos, necesidades e intenciones, así como el motivo que le impulsó a abandonar su congregación anterior.

Creo que Dios nos ha dado una hermosa variedad dentro del Cuerpo de Cristo para que podamos ministrar a personas y necesidades distintas. Quedarse en una congregación que no le ofrecerá la oportunidad de restauración no solo que le dejará sin la ayuda que necesita, sino que existe la posibilidad de que tenga conflictos, se sienta despreciado, rechazado, forje en su corazón gran resentimiento y elija la crítica como arma de defensa de su amargura.

Como pastor, he tenido que aconsejar esto a muchas personas que han venido a la congregación que pastoreo cuando se hizo evidente que allí teníamos un ministerio para los que vivían en tiempo de crisis. Recuerdo a una mujer que llegó a mi oficina para explicarme su situación. Su relato todavía está grabado en mi mente. Ella me dijo más o menos lo siguiente: «Pastor, tengo un gran dolor porque no sé si soy cristiana. Algunos me han llevado a pensar que no lo soy y que no me permitirán seguir siendo una cristiana».

«¿Por qué dice que no se lo permitirán?», le pregunté.

«Porque en la congregación a la que asisto me rechazan, no puedo ser miembro de la iglesia, no puedo participar de ninguna actividad, incluso el pastor me llevó a su casa junto a otras mujeres divorciadas en un intento de ayudarnos para que volvamos a buscar a nuestros maridos», me explicó. «Estuvimos un tiempo allí y a cada una de las demás mujeres el pastor las llevó a la casa de sus ex maridos a pesar de que ya estaban divorciadas.

»Obviamente todos ellos ya estaban casados y algunos hasta tenían hijos. Los líderes hablaron con los ex maridos para que en el nombre del Señor volvieran a tener una vida conyugal con la que había sido su esposa, pues ahora era una mujer cristiana. En todos los casos los hombres rechazaron el consejo pastoral porque cada uno de ellos ya tenía su nueva mujer y otros hijos».

Al continuar su relato esta mujer me señaló que ya llevaba muchos años divorciada de su marido. Este la maltrató con muchos castigos físicos y, aunque no quería dejarla, ella tuvo que hacerlo porque la agresión era cada vez mayor.

Después de varios años de divorcio, y cuando su marido ya estaba casado con otra, ella se unió a otro hombre. En su relato decía: «Con mi nuevo marido hemos sido felices por algunos años, pero no nos hemos podido casar porque la iglesia no nos lo permite. Hemos vivido juntos durante muchos años en una relación que nos agrada, pero que creemos que debe normalizarse. Junto a mi hijo hemos vivido por algunos años con este hombre y ante la imposibilidad de casarnos por la iglesia hemos tenido que vivir solamente unidos pero no casados.

»Sin embargo, por toda la presión y la culpabilidad que me imponían en la iglesia, decidí abandonar a este hombre que amaba y con quien estuve unida por algunos años. A pesar de que era un hombre excesivamente cariñoso, respetuoso con mi hijo y conmigo, accedí a la increíble presión de la congregación y de los líderes. Decidí con dolor someterme a la autoridad de la iglesia y también salir en busca de mi antiguo marido que ya estaba casado con otra mujer. No era fácil rechazar la presión de la congregación porque nos trataban como adúlteros y se nos enseñaba que solo podía ser salva si me separaba y volvía a buscar a mi antiguo marido».

Tristemente todavía algunos piensan que así es como se debe proceder a pesar de que, según la expuesto en otro de los capítulos de este libro, en Deuteronomio 24.1-4 dice que es abominación al Señor volver al primer marido.

Ministrar con sabiduría

Este relato produjo gran impacto en mi corazón y fue una de las tantas razones que me motivó a pensar seriamente sobre mi posición frente al divorcio. De allí en adelante, en mis esfuerzos de preparación para dedicarme a la consejería, me tocó realizar un serio análisis de todo lo que había visto, escuchado y aprendido a través de los años y que había influenciado para formar las convicciones que tenía.

Nací en un hogar cristiano y debo reconocer que nunca había estudiado este tema con mucha profundidad. A pesar de mi educación en el seminario y de haber leído muchos libros, mi convicción cambiaba constantemente. No tenía una posición fija y clara porque no había realizado un estudio exhaustivo y poco a poco aprendía nuevos elementos que para mí habían sido desconocidos anteriormente.

En mi búsqueda paulatina por definir mi posición viví otra circunstancia que me exigía una definición. Las situaciones me obligaban a tomar una gran determinación. Debía aceptar o rechazar el pedido de un gran amigo. Este es un hombre de Dios a quien amo. Después de una vida de tormento con la que fue su esposa, y ante la imposibilidad de seguir viviendo con ella por el infame pecado en el que decidió vivir, tuvo que tomar la decisión de divorciarse. Al conocer su experiencia, al escuchar detalles de todo el sufrimiento que vivió durante tantos años, al recibir testimonios de otros siervos de Dios y de muchas personas que le conocían me di cuenta de la gran integridad de este querido hermano. Entonces pensé que su caso era digno de estudio. Decidí examinar la situación.

Me encontraba junto a un hombre con un claro llamado al ministerio. Tenía una buena preparación teológica y una profunda experiencia y años de ministerio. Es una persona con hermosos dones increíblemente necesarios en la vida de la congregación y con una vida de gran integridad. Pero por su divorcio algunos le impedían realizar su ministerio y dar todo de sí. No podía usar los dones con los que Dios lo había capacitado. Notaba que era un hombre que había vivido la incomprensión y el rechazo de congregaciones que le habían impedido ministrar por el estigma del divorcio. Los años de integridad y pureza de vida y de buen testimonio como divorciado no bastaban para doblar los dedos que lo acusaban.

Muchas preguntas circulaban en mi mente, una de ellas era: ¿Cómo un hombre llamado al ministerio, con dones y talentos y con ejemplo de conducta podían relegarlo e incluso despreciarlo algunas congregaciones? Después de algunos años de divorcio y de mantenerse en pureza e integridad encontró una mujer cristiana, se enamoró, hizo un gran análisis, trató al asunto con sabiduría y decidió casarse. Fue entonces que tuve el privilegio de que me pidieran que oficiara su boda.

Frente a mí tenía un gran desafío. Esta era una nueva oportunidad que se me presentaba para reanalizar toda mi posición escritural con respecto al divorcio. Una de las grandes presiones que tenía era que al aceptar oficiar la boda estaría sentando un precedente. Tenía un ministerio muy público y conocido y sin duda esta pareja sería la primera de una gran cantidad de personas que al conocer mi posición buscarían mi ayuda para atender la misma necesidad. Vendrían a mí los que ya estaban divorciados. También vendrían otros que iban rumbo al divorcio. Algunos tendrían razones bíblicas y otros razones muy equivocadas. Por lo tanto, mi posición tenía que fundamentarse absolutamente en la Palabra del Señor. Una vez más sentí que me motivaban serias razones para un estudio profundo de la Biblia.

Volví a luchar con mis pensamientos tradicionales y con las convicciones que anteriormente había adoptado sin haber realizado una gran investigación. Descubrí muchas cosas que con el paso de los años influyeron en mi vida y que inconscientemente jugaron un papel importante para determinar mi posición. Tenía una «ensalada» en mi cabeza debido a todas las injerencias recibidas a través de los años. Sin embargo, mi posición no era sólida porque no había realizado un estudio sistemático. Llegó el momento de hacerlo porque siendo internacionalmente conocido y gozando de cierta influencia en la vida de una gran cantidad de pastores jóvenes, mi posición sería la puerta que abriría un camino para otras personas. Por lo tanto, debía tener una clara convicción y absoluto fundamento bíblico en lo que hacía.

Si una mujer o un hombre divorciados tienen limitaciones en la sociedad secular, la situación dentro de la iglesia es lamentablemente más condenadora. De una u otra manera en nuestras legislaciones eclesiásticas ponemos a los divorciados en un nivel más bajo que las personas que no han sufrido esta experiencia. Fuera de toda la carga que la persona sufre cuando se da cuenta que las congregaciones no se preocupan por ellos, se agrega la falta de programas adecuados para tratar esas necesidades específicas. Esta realidad crea una carga mayor que debe llevarla la persona en conflicto. El divorciado no encuentra mucho apoyo en una reunión de caballeros. La divorciada no encuentra mucho apoyo en los grupos de damas. Todo porque sus casos son especiales. Los temas que se tratan en estas reuniones obviamente están dirigidos en especial a los matrimonios que viven circunstancias normales y no en situaciones especiales. Muchos de los separados y divorciados sienten que no encajan en ninguno de los grupos.

He descubierto además que las discusiones intelectuales y los mensajes acerca del divorcio a menudo solo entregan información ambigua y aunque muchos líderes hacen un buen análisis, finalmente igual lo condenan. Sin embargo, raras veces estos mensajes son capaces de tocar el dolor que acompaña a las personas que pasan esta experiencia. Pocas veces les presentan opciones que le brinden la posibilidad de incluirlas dentro de la vida comunitaria.

El dolor del divorcio nos ha llevado a los cristianos a asumir diferentes actitudes. Algunos se han dedicado con toda sinceridad a enfatizar enseñanzas bíblicas tradicionales. No brindan alguna oportunidad para que la persona divorciada encuentre restauración en la gracia. Prácticamente se le niega la misericordia de Jesucristo y no se le da esperanza de que mediante la obra de Cristo y el apoyo de la comunidad cristiana encuentre motivación para volver a ser útil en la sociedad, en su familia y en medio de la comunidad.

Por otro lado, algunos han tratado de identificarse con los conflictos que sufren los que se han visto afectados por el divorcio. Pero, al tratar de comprender el dolor, se han ido al extremo de presentar opciones muy humanas y poco bíblicas. Abren puertas amplias para que las personas que enfrentan conflictos matrimoniales busquen con facilidad el divorcio. Eso también es condenable. Por este extremismo, algunos se han sentido motivados o presionados a buscar soluciones escapistas y baratas sin tomar en cuenta el alto costo de la separación. Estos son los que se sienten con la libertad de buscar el divorcio por cualquier razón. Eso sí es condenable.

La iglesia como agente de sanidad

Debido a las razones explicadas, e incluso otras que desconozco, creo que hemos llegado a un tiempo de la historia de la iglesia en que las posiciones son muy variadas. Existen congregaciones donde el divorcio está absolutamente prohibido o, en el mejor de los casos, permitido ante un adulterio probado. Pero de todas maneras, deja a la persona imposibilitada de volver a casarse. Si la persona se casara, la considerarían adúltera sin importar si su ex cónyuge está casado y con nuevos hijos.

En mi concepto, sería totalmente falso pensar que Dios rechace a las personas divorciadas. Desde luego que nunca fue la intención de Dios que el hombre termine en el pecado. Sin embargo, por su libre albedrío el hombre optó por el pecado y junto con su elección son inevitables las consecuencias. Dios, por su gracia, brinda una posibilidad para que el hombre tenga la oportunidad de volver a la vida de obediencia.

De ninguna manera el divorcio es un pecado sin perdón. Por ello, toda congregación tiene la obligación de perdonar y actuar dentro de los límites del perdón. La iglesia que sirve a Dios y que es receptora de su gracia, misericordia, perdón, reconciliación y consolación debe también ser dispensadora de estas muestras de amor. Creo que actuamos en gracia, con misericordia, y ejercemos el ministerio de consolación cuando pensamos en programas que ayuden a las personas que se encuentran en esta necesidad.

Personalmente en la congregación que pastoreo he formado grupos de apoyo y de instrucción para las personas en distintas crisis. Nuestra intención es ser instrumentos de restauración. Junto a ello he dedicado tiempo a la capacitación de consejeros a fin de que estos estén preparados para tener grupos de apoyo específicos y de acuerdo a las necesidades sentidas de las personas. Queremos que las personas que enfrentan situaciones problemáticas que les provocan un profundo dolor, tengan consolación en sus angustias y orientación para aprender a caminar con sabiduría en la nueva vida que tienen en Cristo.

Creo que la mayoría de los divorciados cometen grandes errores en este proceso de restauración. Algunos se equivocan porque no saben qué hacer y otros porque tratan de echarse toda la culpa, el dolor y la vergüenza que los lleva a ocultar sus sentimientos y sus dolores en vez de buscar la ayuda necesaria. Estas personas necesitan instrucción y quién sino los pastores y las congregaciones tenemos la responsabilidad de dicha orientación.

Creo firmemente que la iglesia no solo debe comprender la situación que viven los divorciados, sino además debe dar instrucción para que aprendan a manejar con sabiduría sus circunstancias. Debemos dar el apoyo necesario para que la persona no se sienta abandonada ni luchando sola en su crisis, sino que tiene una gran familia que intenta brindar el apoyo necesario. Pienso también que la iglesia debe brindar oportunidades de ministerio en determinadas esferas limitadas a los que tienen un claro y evidente llamado. No debe abandonar a quienes han demostrado madurez, han tenido razones bíblicas para estar en tal circunstancia y han sabido enfrentar el proceso de divorcio con sabiduría y aplicando los principios y mandamientos de la Palabra de Dios.

Capítulo 6

Pasos disponibles para una restauración posible

El divorcio como medio de restauración

Para nuestro Dios todopoderoso, lleno de gracia y amor, no existe caso perdido. El pecador solo debe ir ante Él sinceramente arrepentido. La restauración después de un divorcio es posible si sigue con fidelidad las instrucciones bíblicas disponibles.

UNA DE LAS LABORES QUE REALIZAMOS todos los que ministramos es luchar para no adoptar posturas extremistas ni dogmáticas. Esto se debe a que no solo es impropio desde el punto de vista teológico, sino porque también es un peligro para el ministerio pastoral.

Es evidente que el divorcio nunca estuvo en la planificación divina para la familia. Sin embargo, es un medio que cuando se usa dentro de los parámetros bíblicos brinda la posibilidad de restauración a quienes tienen una relación matrimonial destructiva. Dios nos dio a todos sus hijos el ministerio de la reconciliación. No es una opción. Es parte de nuestra obligación ofrecer un mensaje de esperanza para los que sufren esta tragedia (2 Corintios 5.17-19; Isaías 61.1-3).

Es lamentable, pero me he dado cuenta que muchos cristianos durante años han despreciado a los divorciados, o, en el mejor de los casos, les son indiferentes. He conversado con muchas personas para tratar de entender el porqué de esta mala actitud y me he dado cuenta que la gran mayoría siente rechazo porque muchos de los divorcios lo llevan a cabo personas que si tuvieran determinación y el firme de anhelo de resolver sus problemas, realmente no terminarían divorciándose. Pero ese no es el caso de todos los divorcios. Como consejero he estado en contacto y tratando de ayudar a parejas a resolver graves problemas. En algunos casos he llegado a la conclusión de que el divorcio es el medio que necesitan para la restauración a una vida normal.

El matrimonio es un pacto sagrado y el modelo es la indisoluble unión de Jesucristo y su Iglesia. Sin embargo, en la realidad, existen matrimonios que por la pecaminosidad del ser humano se deterioran tan dramáticamente que terminan en divorcio pese al gran esfuerzo que al menos uno de los cónyuges realiza. Todos los divorcios representan la falla de los humanos al no cumplir el ideal divino. Pero su gracia está al alcance de todos los que se arrepienten.

Para algunos cristianos el divorcio se convierte en un medio de restauración. Ese nuevo estado de soltería les permite separarse del cónyuge que estaba produciendo un daño constante. La persona se restaura mediante la soltería. Se recupera, se recobra de la soledad a la que se ha visto sometida, del abuso a que ha sido objeto, de la dignidad que le habían usurpado, del maltrato que ha tenido que soportar. En su soltería es libre para servir a Dios, cuidar a sus hijos, dormir tranquila y trabajar con dignidad.

Para otros la restauración se inicia con el divorcio, se desarrolla con la soltería y se completa con la llegada de un nuevo matrimonio. Esa nueva relación conyugal realizada bajo los principios bíblicos le brinda compañía, afecto y seguridad que tanto anhelaba.

Por supuesto, la estadísticas dicen que la mayoría de los nuevos matrimonios volverán a fracasar. En mi concepto, el problema no es el nuevo matrimonio, sino la forma errónea de volverse a casar. Planifican su nuevo fracaso las personas que buscan una nueva relación cuando no están preparadas física, emocional y espiritualmente y no se someten a las enseñanzas escriturales. Pero en un nuevo matrimonio que se siguen los consejos bíblicos, la persona tiene la oportunidad de revertir su falla anterior y establecer una relación permanente, Cristocéntrica y que honra al Señor y a sus miembros. Es una segunda oportunidad para alcanzar el ideal de Dios para el matrimonio. Con la ayuda de las experiencias pasadas y la madurez alcanzada, las personas sabias que se vuelven a casar pueden comprometerse al servicio de Dios y de sus seres queridos. Un nuevo matrimonio en Jesucristo puede ser un testimonio vital de que en realidad Dios es un Dios de gracia y de un nuevo comienzo.

Aun para quienes han provocado el divorcio por sus acciones pecaminosas o lo han elegido pese a no tener apoyo bíblico para su determinación y son culpables de la destrucción de su familia, también es posible la restauración. Si son sinceros, se arrepienten y buscan ayuda para cambiar de vida, pueden ser restaurados. La restauración es posible para quienes a pesar de sus esfuerzos su matrimonio ha terminado en divorcio y han sido víctimas de las malas decisiones de otros. Asimismo es posible la restauración para los que terminaron su matrimonio por razones bíblicas y para salvaguardar su integridad física, emocional y espiritual.

La triste realidad es que aunque existe restauración, algunos no saben cómo alcanzarla. Otros no tienen las herramientas necesarias y otros realmente no tienen la intención ni determinación de hacerlo. A los que anhelan restauración, Dios ofrece su amor, misericordia y principios valiosos que deben ponerse en práctica. Existen congregaciones en que sus pastores, líderes y miembros tienen una amplia puerta que acoge a los que genuinamente buscan restauración. Sin embargo, es usted el que tiene que tomar la decisión de hacerlo.

Los que anhelan ser instrumentos de restauración y desean mostrar su amor, gracia y misericordia necesitan orientación. A los que con determinación, fe y duro trabajo están listos para participar en el proceso que busca su restauración quiero darle algunas sugerencias.

Los consejeros y los pastores tenemos el llamado a ayudar a los necesitados. Entre estos se encuentran los que viven el proceso posdivorcio. Aun los miembros de la congregación pueden convertirse en instrumentos de restauración de quienes han vivido el dolor del divorcio. Nuestra labor principalmente debe enfocarse hacia dos campos generales. En primer lugar, a que las personas involucradas, es decir, los cónyuges, los hijos y la familia, sufran el mínimo de dolor o destrucción. Y, en segundo lugar, que tengamos programas bíblicos y prácticos que puedan ofrecer la ayuda necesaria.

Nunca me cansaré de recordar lo importante que es nuestra participación como congregación. Nuestra ayuda debe planificarse bien. La ayuda es indispensable pues en este proceso se deben dar pasos importantes y se deben tomar las medidas adecuadas. Enseñar es necesario para la orientación. Los grupos de apoyo son importantes para el compañerismo e identificación. Quienes viven la dolorosa experiencia del posdivorcio deben tener un proceso de crecimiento y aprendizaje. La orientación y el apoyo le brindarán la oportunidad de crecer en distintas áreas.

A continuación analizaremos algunas esferas en las que toda persona que vive la experiencia del divorcio debe crecer.

Si usted está pasando por esta experiencia, encontrará una guía y algunos pasos indispensables para seguir este proceso con éxito. Los consejeros, pastores y líderes de grupos de hogar podemos ayudar si planificamos convertirnos en instrumentos de restauración.

APRENDA A ENFRENTAR LA VIDA DESPUÉS DEL DIVORCIO

Es sumamente difícil pasar por este proceso de rompimiento de las relaciones interpersonales. Aunque la relación no sea íntima en el momento de la ruptura, no hay duda que todavía existen vínculos que son inevitables. El divorcio es una de las experiencias más dolorosas en las relaciones humanas. Resulta en la muerte de una relación, pero no en la muerte de la persona. Por lo tanto, todavía existe alguna relación. Nos separamos de quien no ha dejado de existir.

El divorcio es una experiencia que afecta toda nuestra vida. El enojo, la ansiedad, la frustración, la depresión y una serie de sentimientos más, inundan a las personas afectadas. Para tener dominio sobre la situación dolorosa que se vive, la persona debe enfrentar las emociones sin permitir que estas controlen a la persona.

Las personas que experimentan el doloroso proceso del divorcio necesitan tener en cuenta algunas cosas que le permitirán controlar sus emociones:

Expresar libre y sinceramente las emociones cuando llegan

La persona debe sentir que tiene la suficiente confianza como para poder mostrar sus emociones. Esconderlas no ayuda en nada. Ese mundo de sentimientos de la persona deben expresarse con sabiduría a las personas preparadas para ayudar. A veces es una amiga madura, padres comprensivos, un ministro sabio o un consejero preparado.

Recuerde que todos los miembros de la familia se están afectando. Si hay niños, aun ellos sufren. Están confundidos y aterrorizados. Deben recibir el consentimiento de sus padres para expresar su dolor. Recuerde que si usted no sabe cómo hacerlo, quizás ellos tampoco. Debe tener paciencia y educarlos para que manifiesten con sinceridad sus sentimientos.

Mantener una adecuada relación con Dios para evitar el odio, el resentimiento y la amargura

La experiencia dolorosa del divorcio quizás le aleje o le acerque a Dios. En la mayoría de los casos que he atendido he notado que las personas son propensas a evaluar su situación con Dios. Muchos, como resultado de la orientación de un ministro, han logrado poner en orden sus prioridades y su compromiso con Dios y una congregación. Aunque es triste que los líderes de algunas iglesias no orienten a la persona en la fe y la experiencia del perdón.

He notado algo paradójico al tratar con quienes pasan por el divorcio. Un gran número de personas religiosas se aíslan espiritualmente, mientras que los que no han tenido interés en la vida religiosa se sienten atraídos por la iglesia en su búsqueda de comprensión, empatía y para lograr experimentar el perdón.

Si despreciamos o pasamos por alto la única fuente sobrenatural de poder disponible, abrimos la posibilidad de inundarnos de mayores sentimientos destructivos que nos preparan para tener reacciones negativas. No importa lo que haya ocurrido ni cuánto nos hayan herido, no se gana nada con la venganza. Tratar de llevar nuestras cargas solos cuando Dios nos ofrece ayudarnos es una mala decisión. La lectura de pasajes bíblicos adecuados, relacionarnos con nuestros hermanos y la constante comunicación con Dios mediante la oración, no solo es una excelente terapia, sino la forma en que aceptamos la dirección y la ayuda de Dios. En la lectura de la Biblia, Dios habla con toda sinceridad con el que sufre y necesita orientación. En la oración, quien sufre y necesita orientación debe hablar sinceramente con Dios.

Perdonar con la ayuda de Dios

Si nos relacionamos bien con Dios nos ayudará a entender la diferencia entre el perdón divino y la censura de los humanos. Solo así comprendemos que Dios es el autor de todo nuevo comienzo. Si no fuera por el perdón, no podríamos relacionarnos con Dios. Sin perdón no podemos relacionarnos entre los humanos como Dios quiere.

El perdón ofrece a la persona liberación y debe otorgarse independientemente de si la otra persona lo desea o no. Cuando perdonamos, nos quitamos un peso de encima y permitimos que sea Dios el que se encargue de tratar con la persona. Cuando perdonamos a la persona, apartamos de nuestra mente el constante martirio del resentimiento y los deseos de venganza. Abrimos la puerta e invitamos a que actúe el Dios de justicia.

El cristiano debe creer que es verdadera la afirmación divina que en «la ira del hombre no obra la justicia de Dios» (Santiago 1.20). Pablo aconseja con sabiduría: «No os venguéis vosotros mismos, amados míos, sino dejad lugar a la ira de Dios; porque escrito está: Mía es la venganza, yo pagaré, dice el Señor» (Romanos 12.19).

El perdón no es una treta religiosa para seducir a los que están heridos ni para enseñar a aceptar todo lo que le hagan. Por supuesto, el perdón no es una experiencia fácil. Estamos hablando de perdonar a quienes nos han herido y nos han tratado con injusticia. Cuando perdonamos imitamos a Dios. Su poder nos da la capacidad de enfrentar con sabiduría los problemas y evitar la acumulación de resentimiento. Las emociones almacenadas y mal controladas pueden llevarnos a reacciones destructivas. Debemos practicar el perdón no solo como un acto de obediencia sino porque éste es clave para la sanidad emocional.

Cuando perdonamos, utilizamos el único camino que tenemos para vivir con justicia en un mundo injusto. Cuando perdonamos, recorremos el único sendero que nos lleva a la tierra de la sanidad de las emociones dañadas. El perdón no nos permite lograr lo imposible. No podemos cambiar el pasado. No podemos cambiar la realidad. Quienes se divorciaron se hirieron mutuamente. Unos más, otros menos.

Quien ha sido víctima por haberse esforzado al máximo para salvar su matrimonio, y que fue objeto de un doloroso rechazo, aunque lo niegue, está herido. Si es tan orgulloso y no puede admitir que una lombriz como su cónyuge le hirió tan profundamente, podrá evitar la crisis por un tiempo. Si tiene tanto miedo para admitir su dolor, puede obviar su necesidad de perdón. Pero a la vez está creando la peor de las crisis. Lo que nos permite salir de las experiencias dolorosas en nuestras relaciones conyugales es admitir que nos han tratado injustamente, que existen comportamientos que no debemos aceptar y que nos han herido.

Debemos perdonar porque Dios nos perdona y porque Él nos manda a hacerlo. No porque alguien nos lo pida ni porque queremos agradar. El perdón no significa aceptación de un mal comportamiento, sino la aceptación de la persona a pesar de sus errores. Aceptar a la persona no significa que condonamos sus errores ni que vamos a volver a relacionarnos de la misma manera. Es simplemente sacar del corazón el deseo de venganza. Es renunciar a la posibilidad de herir a alguien que nos hirió. Es liberarnos de la terrible necesidad de que alguien sufra porque nos hizo sufrir y dejar que esa persona sufra por sus propios errores y que Dios haga justicia.

Controlar las emociones con raíces en el pasado y que incitan a actuar destructivamente

Debido a todo el dolor sufrido durante el proceso de divorcio, quizás la persona piense que su experiencia es la más miserable de toda su vida. La verdad es que a lo mejor fue muy dolorosa, pero solo sus pensamientos y actitudes pueden lograr que la miseria sea una realidad. Toda persona tiene la oportunidad de acoger el sufrimiento como un amigo o rechazarlo como un enemigo. Santiago dice que la prueba de nuestra fe produce paciencia (1.3). Es verdad que existe gran dolor, pero la persona no tiene por qué determinar tener una vida miserable. De nosotros no depende que alguien nos hiera, pero la miseria sí la elegimos.

De la misma manera que la mayoría de las personas que se acercan al matrimonio tienen falsas expectativas de lo que es la vida conyugal, también quienes van hacia el divorcio se forman falsas expectativas de lo que experimentarán en ese proceso. Debemos ayudar a las personas a poner los pies sobre la tierra y tener el necesario equilibrio con respecto a lo difícil y posible que es la vida en esas condiciones. Un gran secreto es lograr que la persona tenga las expectativas adecuadas.

La tendencia de vivir culpando a otros de su situación también puede destruir a una persona. Esa es otra esfera donde la persona debe trabajar y recibir instrucción. Suponer que de allí en adelante la vida no tendrá nunca más significado es una falsa suposición que debe corregirse. Imaginar que la vida será color de rosa y que los conflictos se resolverán con el divorcio es también un serio error. Debido a que es una etapa muy emocional se corre el peligro de enfatizar mucho en las emociones.

El gobierno de los sentimientos por sobre la razón, a menudo nos llevan a suposiciones equivocadas. De ahí que la ayuda que se brinda a una persona a fin de que cambie su actitud frente a los sentimientos que experimenta, permitirá que esta tenga mejores pensamientos y acepte lo inevitable, es decir, el divorcio. Además, le ayudará a determinar los cambios necesarios y posibles para no experimentar amargura.

La necesidad de buscar ayuda de expertos

La tendencia de las personas es tratar de enfrentarlo todo por sí solas y se encontrarán más confundidas si inconsciente o conscientemente buscan la ayuda de inexpertos en la materia. Debido a que todo el mundo tiene una opinión y muchos anhelan aconsejar, recibirá una gran cantidad de opiniones diferentes que por lo general causan confusión.

Debemos ayudar a la persona para que se dé cuenta de la necesidad de buscar a personas expertas en las distintas esferas que son necesarias. Generalmente es necesario buscar un experto en el campo legal para que reciban la asesoría profesional cuando esta es indispensable. Deben evitar pasar por este proceso sin tener la asesoría adecuada, sobre todo cuando existe hostilidad en las personas que se están divorciando. A veces es necesario buscar la ayuda de una trabajadora social para evaluar las necesidades de la familia. Es recomendable buscar un consejero que le ayude a tener herramientas para enfrentar el conflicto y le dé la orientación necesaria. También es necesario buscar un ministro capacitado que brinde ayuda y dirección espiritual.

Encontrar una nueva identidad

El divorcio conduce de nuevo a la persona al estado de soltería. De pronto la persona se encontrará sola y en algunos casos sin hijos. Esa es una situación totalmente nueva. Para dejar marchar las cosas antiguas, estas se deben reemplazar con cosas nuevas. Las nuevas hay que recibirlas, acogerlas, reconocerlas y aceptarlas en la mente antes que sean parte de nuestras acciones.

Muchos divorciados sienten que están casados y siguen viviendo como tales a pesar de que son solteros. Son bastantes los que sienten de una manera, pero viven de otra. Es necesario que se conozca muy bien la identidad, pues cuando una persona no está segura de lo que es, no puede crecer saludablemente. Mientras más tiempo permanece la persona viviendo en su antigua identidad, más durará el bloqueo de su potencial crecimiento.

Aprenda a aceptar su nueva identidad y a cómo vivir en ella. Sea una madre divorciada sola, sea un padre que ve a sus hijos solo los fines de semana, sea una madre con hijos tratando de cumplir con responsabilidades antiguas y nuevas, acepte su situación. Tiene que tener la debida perspectiva pues los que rodean a una persona divorciada la verán de otra manera. Ahora la verán como una persona divorciada.

Es muy fácil quedarse atrapado en el pasado pretendiendo que todavía se está casado y no hacer los cambios necesarios que le permitirán un ajuste a su nueva situación. Se deben aceptar las situaciones que no se pueden cambiar para tener la posibilidad de adaptarse a su nueva identidad. Este no es un paso fácil de dar. Se necesita orientación y decisión de hacer todos los cambios indispensables para enfrentar esta nueva clase de vida ya que obviamente es un terreno desconocido. El rechazo a realizar los cambios o pasar por alto la necesidad de realizarlos impedirán afrontar la situación con esperanza de solución.

Establecer nuevas relaciones interpersonales adecuadas

Muchas relaciones interpersonales se rompen como consecuencia de un divorcio. Hay una serie de casos que se pueden dar. Tal vez se rompa toda relación interpersonal con la familia del cónyuge o que la familia de este le preste más atención que nunca y se conviertan en personas que le brindan un gran apoyo. A lo mejor los hijos están a favor o en contra, con una actitud de aceptación u hostil a alguno de los padres y de eso dependerá la relación interpersonal que van a tener.

De partida, debido a las circunstancias que viven, deberán establecer una nueva relación interpersonal con el cónyuge del que se van a divorciar. En algunos casos se rompe todo vínculo, pero cuando existen hijos, casi siempre quedan algunos vínculos y necesitan establecer una relación interpersonal de respeto. Es obvio que hay muchos cambios que realizar. Los cónyuges necesitarán determinar qué amistades comunes es saludable mantener en esta nueva situación. Se necesita buscar nuevos amigos, pero también es importante determinar cuál será la relación interpersonal que tendrá con personas que fueron amigos de ambos.

El vínculo con el cónyuge anterior. Una pareja que tuvo iguales metas, gozos, angustias y esperanza, tiene suficientes razones para que sea difícil separarse. A veces es sorprendente lo que ocurre. Algunas personas se preguntan: «¿Cómo es posible que tan pronto el amor se transformara en odio?» Las condiciones y las situaciones pueden provocar que los sentimientos de una persona vayan de un extremo al otro poco a poco o súbitamente.

El divorcio, a diferencia de la muerte, no le separa de su cónyuge del todo. Volver a ver al antiguo cónyuge, encontrarse en una etapa de hostilidad, tratar con los sentimientos de ira, sentirse incómodo o cómodo con el cónyuge anterior, tener o no tener conversaciones, saber de qué formas debemos dirigirlas, son preocupaciones lógicas y válidas. Con todas estas inquietudes que llegan a la persona, con todas las decisiones finales que aún se deben a un acuerdo, se requiere mucha paciencia, comprensión y sabiduría. Esto es cierto sobre todo cuando es necesario seguir comunicándose para tratar asuntos importantes e ineludibles a pesar del ambiente de hostilidad que quizás exista.

Es muy importante tener el enfoque debido. Hay que saber relacionarse con el ex cónyuge. Recuerde que la separación es un proceso. Por lo tanto, viva de día en día.

Cada día enfrentará nuevas situaciones que tendrá que aprender a controlar. Tal como ocurrió con el acercamiento después del casamiento, así también será con el alejamiento después del divorcio. Es un proceso. Preocuparse de lo que ocurrirá mañana solo lo desviará de su actual enfoque. La sanidad emocional quizás sea mucho más lenta que una sanidad física, pero no se apresure. El apóstol Pablo dice:

> Por nada estéis afanosos, sino sean conocidas vuestras peticiones delante de Dios en toda oración y ruego, con acción de gracias y la paz de Dios, que sobrepasa todo entendimiento, guardará vuestros corazones y vuestros pensamientos en Cristo Jesús (Filipenses 4.6,7).

Esto no significa que no debemos hacer planes ni que nos despreocupemos de lo que podría ocurrir. Significa que no nos llenemos de afán tratando de cambiar las cosas que no podemos. Debemos cumplir todo lo que dependa de nosotros. Sin embargo, lo que depende de Dios debemos aceptarlo.

Todavía tengo dos advertencias con respecto a mantener un buen enfoque en la relación con el ex cónyuge. Cuidado con hacer de la separación un juego sucio y deje de asumir las responsabilidades que corresponden a su cónyuge.

Muchos divorciados no saben cortar con la relación en

forma saludable. Convierten el proceso en una batalla campal y el escenario para jugar sucio. Algunos no saben cómo terminar su relación conyugal. Otros viven con la esperanza de que su ex cónyuge cambie y aceptan acercamientos que lo único que producen es frustración y más dolor. Algunas mujeres permiten que sus ex maridos vuelvan a la casa para comer, cuidar de los hijos o para hacer algunas reparaciones. A veces creen que todo marcha bien y aumentan sus esperanzas. Ellos deben recordar que visitarse no es lo mismo que vivir juntos.

Muchos divorciados se sienten responsables de las cosas que no pueden controlar. Usted no puede controlar lo que hace o no hace su ex cónyuge. Una muestra de la madurez de una persona en esta experiencia es aceptar sus responsabilidades sin culpar a nadie. Pero la segunda muestra es permitir que los demás acepten sus propias responsabilidades. Sin embargo, en nada ayuda tratar de sobreproteger y desear ayudar por temor a lo que ocurrirá con su ex cónyuge. Pocas personas aprenden a asumir sus responsabilidades y a descubrir sus propios recursos antes de que las obliguen a hacerlo.

La nueva relación con los hijos. Muchas veces los hijos se constituyen en armas que en manos de uno o ambos cónyuges se usan para atacar o presionar a la otra persona. Esto provoca que a menudo los niños se sientan confundidos, temerosos e inseguros. Las situaciones incluyen mucha presión, sobre todo en el cónyuge que tiene a los hijos bajo su custodia. A menudo se siente sobrecargado con todas las responsabilidades y con las ocupaciones que involucra suplir las necesidades. Recuerde que este es el momento de mayor fragilidad emocional de los hijos y cuando más necesidades existen. Por tanto, esto aumenta y no disminuye el peso de la tarea. El deseo secreto de los hijos es que sus padres superen el conflicto y vuelvan a vivir juntos.

El cónyuge que no vive con los hijos, también suele sentir culpabilidad, soledad y tristeza. Aunque por momentos podría experimentar un alivio de las responsabilidades debido a que por las circunstancias ya no puede participar inmediata y directamente de muchas decisiones.

La relación con otros adultos. Los amigos quizás sean un grupo de apoyo en la crisis o se conviertan en un problema. No siempre son sabios. No siempre tienen las herramientas adecuadas ni están capacitados para brindar la debida ayuda. Hay que analizar seriamente si es o no un aporte mantener los amigos comunes.

En realidad, las relaciones cambiarán. Ahora los vínculos no serán como matrimonio, sino como divorciados. Se debe investigar si la relación con otro grupo de personas con el que ha estado relacionado, se convierte en un aporte y ayuda a su necesidad o crearán más preguntas que respuestas.

La nueva planificación del futuro. Una persona divorciada no debe vivir atrapada en el pasado. El futuro está siempre por delante y la mejor forma de enfrentarlo es planificarlo. Otros no tienen la responsabilidad de nuestro futuro. Solo uno mismo lo tiene. Hay cuentas que pagar, trabajos que realizar, obligaciones que cumplir. La vida sigue adelante y las responsabilidades no se terminan aunque la relación se haya destruido. Se necesita ayuda para tomar estas decisiones serias que afectarán el futuro. Es necesario establecer prioridades adecuadas, establecer nuevas metas realistas y tener un plan sabio a fin de lograrlas.

La posibilidad de un nuevo matrimonio. En determinado momento de este proceso llegará la inquietud sobre la posibilidad de un nuevo matrimonio. El cristiano debe determinar si va a casarse otra vez o no. Cuando llega el momento en que la persona comienza a ser receptivo para buscar una nueva relación interpersonal, se necesita una gran orientación. Muchas personas no aceptan esta realidad y creen que ya son lo bastante maduros como para tomar sus decisiones sin consejo. Por supuesto, todo el que piensa así se está preparando para más errores y fracasos.

Esta es una etapa diferente en muchos aspectos. Aunque existen ciertas similitudes con la etapa de enamoramiento de su primer matrimonio, también existirán una serie de cosas diferentes porque la persona puede estar atrapada en una serie de raíces y traumas que le dejó su matrimonio anterior. Toda persona que planifica volverse a casar debe tener asesoramiento prematrimonial. Esa decisión tan importante debe ser producto de mucha investigación y preparación si desea que sea un paso en el proceso de sanidad y no un estorbo de su realización.

En las innumerables conversaciones que como consejero he tenido con personas que han vivido este doloroso proceso he aprendido mucho acerca de la vida y sobre nosotros los humanos. No sé si a usted le ha ocurrido, pero yo no dejo de sorprenderme de lo variable que son los sentimientos humanos. He conocido personas a las que he admirado porque han demostrado una increíble devoción, gran respeto, contagioso cariño y admirable cercanía a su cónyuge. No ha pasado mucho tiempo cuando les he visto llegar a mi oficina dando las más despreciables muestras de hostilidad. Las palabras groseras, los insultos, el odio e incluso la violencia reemplazó el respeto y el amor. Esos han sido los momentos precisos para admitir la sorprendente imperfección humana, la inmensa influencia de la naturaleza pecaminosa y nuestra indispensable necesidad de la asistencia divina.

La realidad es que a pesar del ideal divino, a pesar de los sinceros y serios esfuerzos de amorosos seres humanos, a pesar de la asesoría disponible o la dirección de la Palabra de Dios, el divorcio es un mundano compañero odiado por algunos y apreciados por otros. La realidad es que nunca nos pondremos de acuerdo acerca de si el divorcio tiene cabida en el consejo bíblico y cuándo puede ocurrir. De ninguna manera pretendo que todos los que componemos la familia de Dios acepten mi punto de vista. Por lo tanto, no importa cuáles sean mis conclusiones, estoy seguro que habrá hombres de Dios competentes y sinceros que estarán en desacuerdo conmigo. Sin embargo, una cosa es el desacuerdo y otra muy diferente la mala interpretación de mis palabras.

Sé que existen personas que están buscando cualquier oportunidad para abusar de la gracia de Dios. También hay quienes al escuchar una exposición que intenta comunicar el perdón, misericordia y la gracia de Dios, la usarán como fundamento para sus desvíos. Aun así, líbreme el Señor de evitar presentar el mensaje de gracia por culpa de los que pretenden abusar de ella. A la vez espero que haya muchas personas que se sientan aliviadas de la enorme e innecesaria culpa que llevan consigo.

CÓMO EVALUAR Y ENFRENTAR LAS CIRCUNSTANCIAS DESPUÉS DEL DIVORCIO

Durante muchos años he tenido la oportunidad de escuchar las adoloridas y desesperadas palabras de los que han vivido la tragedia del divorcio. Por algunos años y con mucha sinceridad y profundidad he estudiado el tema en las Escrituras. Como un hombre dedicado al asesoramiento, como alguien que Dios ama aun cuando no lo merecía y que continúa perdonando y formando, he aprendido a sentir empatía hacia otros. Me duele el dolor de otros y me gozo en su alegría. Creo que este antecedente me ayuda a considerarme una fuente autorizada para escribir un material que sirva de ayuda a quienes necesitan dirección.

Con el objetivo de analizar otros importantes aspectos y poder ayudar a una mayor cantidad de personas, he decidido incluir en la parte final de mi libro un artículo escrito por Esly Regina Carvalho y cuyo título es «Separación y divorcio». Creo que será muy importante mirar el divorcio y el proceso de restauración desde el punto de vista de una mujer cristiana y con la suficiente preparación profesional para servir de ayuda y brindar dirección. Ella expresa con palabras que yo no puedo imitar algunas realidades que nunca he experimentado. Esly, una mujer cristiana que ama al Señor, vivió esta dura experiencia. Experimentó en carne propia el dolor del divorcio y junto a su hijita no solo experimentaron la desubicación que una mujer divorciada descubre en la sociedad y en la iglesia, sino que han sido depositarias de la gracia, la misericordia y el amor de Dios y el cariño de personas que han sido importantes en sus vidas.

Tuve el privilegio de conversar con ella y por sus palabras y experiencias comprender algunas cosas que como hombre estaba limitado de comprender. Cada vez que hablábamos parecía que habíamos estudiado juntos el mismo tema y llegado a las mismas conclusiones. Sus palabras, como profesional en la materia, pueden ofrecer grandes consejos a quienes se encuentran con la necesidad de recibir ayuda profesional.

Muchas personas necesitan orientación con respecto a las tareas, los conflictos y la terapia que ayudarían a enfrentar el dolor del divorcio. Ver a Esly casada con un gran amigo misionero y ministrando juntos a tantas personas necesitadas en América Latina, me produce un gozo increíble y me anima a pensar que la restauración está al alcance de muchas mujeres y hombres cristianos divorciados. Su ejemplo y el de mi amigo pastor al que tuve el privilegio de casar, abren un mundo de esperanza a quienes no buscaron el divorcio, pero optaron por él debido a lo crítico de su situación. Abren un mundo de esperanza para los que después de ser amados, comprendidos, sanados y restaurados por el Dios de la gracia, quieren dar de gracia a otros, lo que de gracia han recibido.

Con su práctico estilo, como alguien que vivió el dolor y por la gracia del Señor, el amor de un hombre, la paciencia de su hijita y su propia determinación ha sido restaurada, Esly nos da buenos datos.

SEPARACIÓN Y DIVORCIO

Dra. Esly Regina Carvalho

Hace pocos años asistí a una serie de conferencias en Quito, Ecuador, dictadas por el Dr. Jorge Maldonado sobre el «Ciclo vital de la familia I». A medida que el conferenciante iba desarrollando los temas, percibí que era necesario incluir también una situación que actualmente afecta a nuestras familias (sean o no cristianas) y a los individuos en particular.

Me refiero a la separación y al divorcio. Me gustaría contar a continuación algunas ideas sobre las tareas, los conflictos y la terapéutica a tal situación.

Personalmente creo que la separación es como un aborto, ya sea este natural o terapéutico, pues interrumpe el proceso normal de desarrollo de la vida familiar. La separación implica una serie de pérdidas inmediatas (y también ganancias a mediano y largo plazo) que necesitan ser elaboradas. Existen una serie de tareas emocionales en el ciclo vital de la pareja que se separa.

Entremos a analizar cada una de ellas.

1. Tareas

a. Elaborar las pérdidas

En primer lugar, la familia pierde la convivencia constante de todos sus miembros. Algunas veces esto significa un alivio, ya que en muchos casos la convivencia se ha vuelto insoportable. Pero, asimismo, en la peor de las situaciones, se pierde la relación diaria con los que se estaba acostumbrando a convivir. Hay, por lo tanto, un cambio básico de convivencia.

Lo más difícil de enfrentar son las explicaciones que tenemos que dar, especialmente a los niños:

- ¿Por qué mi papá (o mamá) ya no vive aquí?
- ¿Cómo se dejaron de amar?
- ¿Cuándo va a regresar?
- ¿Por qué no pueden vivir juntos?
- ¿Por qué mi mamá (o papá) no quiere vivir más contigo o con nosotros?

Preguntas como estas, justificadas, merecen serias respuestas sinceras. Sin embargo, no podemos dejar de comprender que son preguntas muy difíciles, ya que no siempre tenemos las respuestas apropiadas ni siquiera para nosotros mismos.

No solo los hijos pierden la convivencia con uno de los

padres, si no que un cónyuge pierde al otro. Las personas se casan para vivir juntas y la separación pone fin a este proyecto de vida. Al casarnos esperamos tener con quien compartir la vida, con quien contar en las horas difíciles, a quien recurrir en las alegrías y en las tristezas, con quien tener hijos y envejecer juntos. Este sueño se rompe con la separación.

También se acaban muchas otras cosas. Es común tener que cambiarse de casa. Baja el nivel socioeconómico. El salario con el que vivía una familia ahora es preciso repartirlo entre dos casas o dos familias. La madre debe salir del hogar para trabajar, si es que no lo hacía. Los hijos pierden la convivencia de los dos padres: el padre ya no vive en la casa y la madre, que trabaja fuera del hogar, pasa ocho horas en el trabajo y llega cansada para resolver mil (por lo menos mil) problemas. En donde se dividían algunas de las tareas, ahora existe uno solo para hacerlo todo. Es imposible compartir responsabilidades con quien no está presente.

La pareja que se separa pierde su estado civil anterior. Esto es obvio, pero tiene consecuencias mucho más sutiles. De acuerdo a los moldes «machistas» de nuestras sociedades, se acepta (quizás hasta se espera) que el hombre lleve una vida más «libre». Si la mujer lo hiciese, se hablaría muy mal de ella. Al estar divorciada, pierde, de cierta forma, la «protección» que su anterior estado civil le concedía. Al final, es una mujer «liberada». (¿Liberada para qué, mi Dios?)

Igualmente parece que se pierde el uso de los nombres propios de los cónyuges. El marido se vuelve el «padre de los niños», y la esposa es la «madre de los pequeños», como para enfatizar que lo que les une el uno al otro no es amor, sino el vínculo de los hijos. Si no fuera por ellos (los hijos), jamás se volvería a ver a quien se le juró eterno amor.

b. Reorganización

Después, comienza el segundo paso de esta etapa de la vida: reorganizarse como personas y como familias.

El ritmo de la vida cambia. Es necesario reorganizar los horarios, el dinero, el tiempo. ¿Qué hacer al entrar en la casa y no tener a NADIE esperándonos? Contar los días para ver a los hijos. ¿Cómo «manejar» una invitación para salir? ¿Y si «él» me llama la atención? ¿Y si yo no quiero ir a la cama con ella?

Si existe un período en la vida lleno de preguntas sin respuestas fáciles, es este precisamente. Incluso parece que se vuelve, en forma siniestra, al de cuando teníamos cinco años de edad. En este período no nos hacemos preguntas sobre cómo es la vida, sino cómo enfrentar la supervivencia. ¿Cómo no morir de depresión en medio de todo esto?

El tiempo es un gran aliado: dar tiempo al tiempo. Poco a poco tendremos la oportunidad de irnos conociendo de nuevo. En soledad, vamos descubriendo nuestra propia dimensión humana y nos damos cuenta de que nuestra compañía puede ser buena y agradable. En fin, descubrimos qué debemos hacer: volver a tener un tiempo para oír aquella música, leer aquel libro, hacer un paseo inesperado, meditar y reflexionar sobre las cuestiones cotidianas y existenciales de la vida. Descubrir que estar solo no es una maldición ni un castigo. Puede ser una gran bendición si aprovechamos bien el tiempo.

El segundo aspecto de esta reorganización, es el afectivo ... ¿Nos volvemos a enamorar o no? ¿Cómo? ¿Cuándo? Son preguntas difíciles y delicadas, pero qué emoción es saber que se es capaz de amar de nuevo (ese día llega... ¡sí!), de sentir las «cosas de adolescente», de poder «ver un pajarito verde». Enfrentar todo esto (y a los hijos) puede ser muy complicado o más simple de lo que esperamos. Es difícil preverlo, pero tenemos que prepararnos para enfrentar esta realidad.

El tercer aspecto de la reorganización está relacionado con los hijos. ¿Cómo será nuestra relación con ellos de aquí en adelante? No se engañe, nadie puede ser madre y padre, aunque acumule las tareas del uno y del otro. La madre que hace «cosas del padre» continúa siendo madre. ¿Cuál es la relación que usted quiere tener con sus hijos? ¿Está pensando más allá de sus posibilidades reales?

2. Conflictos

Muchas de estas preguntas traen aparejados conflictos enormes y esto también es normal. Si podemos tener presente la dimensión y el grado de ambivalencia de estos conflictos podremos manejarlos de una forma más saludable.

Existe una tremenda ambivalencia, a veces ignorada, que se produce entre las parejas: la relación amor/odio. ¿Cómo tener tanto odio contra alguien que se quiso tanto? ¿Cómo amar a alguien que nos hirió tanto?

Como en cualquier situación de pérdida, se pierden también las cosas buenas, aunque en este momento tengan un peso menor. Pero hubo un tiempo bueno, cosas buenas, que se compartieron. Parece incluso que si la persona admite esto en la hora de la separación, está traicionando su decisión o admitiendo que todavía ama al otro. Una relación de tanto tiempo no acaba en un día. Los sentimientos toman tiempo para ser elaborados. El revés del amor para llegar a un punto donde lo que el otro hace o dice no se mezcle con los sentimientos. Esto es normal...

La separación es la inversión de un movimiento. Cuando nos casamos, buscamos estar más cerca el uno el otro, tener una intimidad mayor, estar juntos más tiempo. La separación invierte esto. Se produce un alejamiento, un distanciamiento del otro, se pierde la intimidad y lo cotidiano. De la misma forma que nos llevó tiempo y esfuerzo forjar la intimidad, se precisa tiempo y esfuerzo para perderla.

Hay un mecanismo de defensa que muchas veces entra en acción en estas situaciones. Existe una tendencia a distorsionar la imagen del otro como una manera de «ayudarse» a perderlo. Aceptamos que es mucho más fácil perder lo que «no valía o no era bueno» que admitir el tamaño real de la pérdida puesto que también hay «cosas buenas» que se perdieron.

Un segundo conflicto es la ambivalencia de los hijos con relación a los padres. Al final ellos, que deberían estar supliendo y ofreciendo apoyo, cariño y seguridad para el buen desarrollo de sus hijos, ahora pasan a ser fuente de enormes sufrimientos. Al mismo tiempo que los hijos se dan cuenta que necesitan mucho de sus padres (son muy importantes), sienten rechazo increíble, penas, aflicciones, resentimientos. ¿Por qué los hijos deben pagar por las dificultades de los padres? Esta es una pregunta que no siempre se expresa verbalmente, en general, pero pasa al nivel de los sentimientos. Los hijos pueden reaccionar como si hubiese ocurrido una gran traición: los padres traicionaron su confianza. No les están dando lo que tienen derecho a esperar en su formación: calma, tranquilidad, amor, cariño, comprensión, un buen ejemplo de matrimonio y cosas similares.

3. Patrones disfuncionales

De estos conflictos y desilusiones, fácilmente se puede pasar a patrones disfuncionales de comportamiento.

a. Hacer alianza con uno de los padres

Esta propuesta viene de uno de los padres o del propio hijo. Pero todos salen perdiendo. Terminar una relación no quiere decir que uno de los cónyuges está necesariamente en lo cierto y el otro completamente equivocado (a pesar de que se hacen grandes esfuerzos para probarlo). Uno de ellos puede haber desistido de la relación al no querer invertir más en ella. A los hijos les falta una completa objetividad para hacer cualquier tipo de evaluación en ese sentido. A medida que los padres presentan opciones del tipo «si te quedas con él (ella) quiere decir que no me amas...», colocan a los hijos en una situación terrible. Los hijos aman a ambos. No dejarán de amarlos solamente porque los padres resolvieron separarse. Los hijos quieren ser leales con los dos, pero se dan cuenta que los dos se pusieron en campos de conflicto opuestos. Es aun más difícil cuando ven que lo que agrada a uno, le desagrada al otro. Es a veces más fácil optar por una convivencia con uno de sus progenitores por esta causa, pero en general, más tarde se arrepienten.

b. La separación no es una guerra armada

No hay «partidos» que deban tomarse. Son los padres los que se están separando, no los hijos. Ellos simplemente tienen que soportar las consecuencias de las decisiones de sus padres.

Esto estimula, lógicamente, la tentación en que muchos padres caen, de usar a sus hijos contra el cónyuge. Debido a que los hijos son algo muy importante para los dos, privar a uno de los cónyuges de sus hijos es una arma muy poderosa. Lamentablemente, más de una vez quienes salen perdiendo son los propios hijos a medida que se dan cuenta de que los están «usando» uno de los padres (o ambos) como si fuesen una pieza de un inmenso juego de ajedrez. Los hijos son personas: tienen sentimiento y voluntad propia que es necesario respetar.

c. Una tercera trampa en que se cae frecuentemente es la tentación de casarse rápidamente luego de la separación

En general, hay mucho prejuicio sobre esto. El cónyuge no ha tenido tiempo de elaborar su pérdida antes de volverse a casar. Otro aspecto de esta misma trampa es la sensación de que se necesita poner fin a ese sufrimiento tan grande, y nada mejor que un nuevo amor para conseguir esto, ¿verdad? Solo que este sufrimiento necesita vivirse primero y no evitarse. Si no se «digiere» bien, aparecerá después en formas mucho más perjudiciales.

Otros se casan para no caer en la prostitución o la «vida libre». Es común que se tengan muchas dudas y dificultades en relación con nuestra capacidad sexual después de una separación. Cuántas veces no nos preguntamos si tal vez esta no ha sido una de las causas de la separación. ¿Será que no fui «buena en la cama» y por eso no conseguí retenerlo?

d. La cuarta trampa consiste en llevar una vida sexual libre como una forma de protegerse de otras relaciones más íntimas y duraderas

Parece paradójico que una relación sexual, en general entendida como la forma más íntima de comunicación de una pareja, pueda considerarse precisamente lo opuesto. Pero en la actualidad esto sucede con frecuencia. Muchas veces las personas se buscan solo para un «programa». Conversan, se divierten, van a la cama ... y al otro día repiten lo mismo con otras personas. De esta forma el sexo acaba por impedir el desarrollo de amistad, de compañerismo, que podrían conducir a otra relación más duradera, a otro matrimonio... y esto a veces es lo que más teme la persona. Para no sufrir de nuevo lo que le pasó en su separación, «arma» (inconscientemente) una manera de no vincularse a nadie. De esta forma jamás será herida, pero tampoco será feliz.

4. Lineamientos terapéuticos y profilácticos

El gran triunfo terapéutico sobre el divorcio es el fortalecimiento de los lazos conyugales de manera que no haya separaciones. EIRENE (Casilla 17-08-8572) ha desarrollado un «Programa de enriquecimiento matrimonial» cuyo énfasis es ayudar a las parejas a ser más felices y más saludables en sus relaciones unos con los otros y por consiguiente con sus hijos. Pero sabemos que no siempre es posible evitar una separación. En algunos casos es aun más saludable separarse que mantener la unión en nombre de una relación que ya se ha extinguido.

¿Qué hacer?

Una de las primeras sugerencias es vivir intensamente todo lo que estuvo ligado a esta experiencia. La Biblia nos dice que no debemos alejar el sufrimiento, por el contrario, debemos regocijarnos con él (1 Pedro 4.12,13). La versión bíblica de Moffat dice que debemos «abrazar al sufrimiento» ya que esto desarrolla nuestro carácter. ¡Qué difícil! Pero, ¡qué sabio! Solamente en el fondo de nuestro dolor nos será posible cicatrizar las marcas que estas experiencias nos dejan. Toma tiempo y coraje, pero este es el camino de salud.

En cuanto a los hijos, es necesario tener algunos cuidados para ayudarles a atravesar este momento. A medida que le vean viviendo su dolor y sufrimiento, tendrán «permiso» para hacer lo mismo. Ellos también necesitan elaborar todo eso y su ejemplo les hará bien. Cuando usted llore la falta de su cónyuge, ellos también podrán llorar la falta de su padre o madre.

Los hijos también necesitan entender que no son culpables de la separación de sus padres. Es muy fácil que los niños asuman esta culpa... por las más extrañas conexiones mentales. Es necesario que entiendan claramente que la separación es de la pareja, una decisión de adultos tomada por adultos y que ellos tendrán que vivir la consecuencia de esta decisión. Realmente, los hijos son impotentes ante esta decisión de los padres (lo que, ciertamente, les enojará mucho, por un lado, y los protegerá por otro).

Los padres no van a dejar de amar a los hijos. Sin embargo, esto necesita expresarse verbalmente para que quede claro en los niños. También debe expresarse con acciones pues el niño sabe cuándo lo están engañando.

Otro aspecto que implica nuevas situaciones es cuando uno de los padres resuelve enamorarse... quien desea casarse otra vez, necesita enamorarse. Esto debe quedar claro también para los hijos. No todos los hombres o mujeres son iguales. Es preciso salir, conocer gente nueva, enamorarse, para después tomar la decisión de casarse. Los padres tienen el derecho de rehacer su vida (y en general lo harán, teniendo o no el derecho). Es necesario preparar a los hijos para esto (algunas veces son los hijos los que preparan a los padres) y no sorprenderlos repentinamente un día con la noticia del matrimonio.

Enamorarse después de «descasado» es diferente. Muchas veces implica la inclusión de los hijos en los paseos, un «enamoramiento de familia». (Mi hija muchas veces me pregunta cuándo «nos» vamos a casar.) Es duro, porque no todos los enamoramientos llevan al matrimonio. Pero cuando uno era soltero, también era así. Se enamoraba de uno... terminaba con otro. En último caso la decisión es del padre o la madre, pero las opiniones de los niños deben tomarse en consideración, sobre todo cuando se trata de matrimonios. (Personalmente creo mucho en el «radar» del niño. Fuera de los celos normales de ver a la mamá o al papá con otra persona, cuando un hijo no «aprueba» a alguien, es bueno investigar un poco más...)

Finalmente, la separación de los padres puede ser una experiencia de crecimiento. No es la forma más agradable de madurar, pero una vez que sea un hecho en la vida de un individuo, puede utilizarse como una manera de crecimiento y salud, y no de tormenta y patología. Por eso es importante elaborar el duelo en esta época (el duelo mal elaborado por parte de los hijos, en la adolescencia puede llevarlos a la droga, a la prostitución o a otros patrones disfuncionales de comportamiento). Sufrir no significa el fin del mundo (aunque al momento de sufrir pueda parecerlo). Jesús aprendió la obediencia por lo que sufrió. Nos prometió que en el mundo pasaríamos por aflicciones, nos aseguró que esto nos sucedería.

Es mejor tener una perspectiva de crecimiento, aprovechar la parte positiva de estas experiencias, que rebelarnos contra algo razonablemente inevitable. Por tanto, la separación puede ser la gran crisis que nos haga crecer en una nueva dirección: nos abre nuevos horizontes y nos posibilita nuevas conquistas en la vida.

ALGUNOS APUNTES SOBRE EL ARTÍCULO ANTERIOR

Como consejero cristiano y como pastor me he dado cuenta que existen bastantes mujeres que han tenido serias dificultades para comunicarme lo que escribió Esly en el inciso «d-3», sobre los patrones disfuncionales, de su artículo. Ha pasado mucho tiempo en el proceso de asesoramiento antes que algunas mujeres admitan que han pensado en su falla en las relaciones sexuales como la causal del adulterio de su esposo y su posterior divorcio. He creído necesario recalcar lo que se menciona en el artículo porque debido a que muchas mujeres no tienen la libertad de admitirlo, algunos piensan que son pocas las que se culpan de este fracaso. Si agregamos al silencio de las mujeres el terror que sienten muchos hombres de hablar con su mujer u otras personas sobre los conflictos en su vida sexual, nos damos cuenta por qué existen tantos problemas.

Con relación a este aspecto, la doctora Carvalho nos menciona otra trampa que nos muestra lo sutil del pecado y el peligro del que están rodeadas todas las personas que han tenido una vida sexual activa dentro del matrimonio y que no tienen la continencia necesaria para rechazar el pecado.

Como expositor de la Palabra de Dios y alguien comprometido a denunciar el pecado, debo decir que esta es una peligrosa trampa. Sobre todo las personas más activas, sexualmente hablando, que tendrán una gran lucha para evitar el pecado debido a que están obligadas a largos períodos de continencia.

Mucho más difícil es resolver esta tendencia en el hombre. Muchos pueden caer con facilidad en el engaño del pecado y pensar que ahora que son libres de su relación conyugal, tienen la libertad de pecar. Serios problemas de continencia tendrán quienes son activos sexuales y han estado acostumbrados a las relaciones sexuales periódicas. Por supuesto, que bien dice la doctora Carvalho, esta es una trampa que está preparada para los divorciados. Sin dudas ese es un comportamiento pecaminoso y sea que ocurra cada semana o una vez al año, la Palabra de Dios lo reprocha.

Como consejero debo agregar que me he dado cuenta que algunas personas que, después del divorcio han comenzado a tener relaciones sexuales con distintas personas, han preparado el terreno para llevar vidas más tormentosas y han caído en las garras de la promiscuidad y la pornografía. De esas dependencias es muy difícil escapar. Es por eso que quienes desean restaurar su vida involucrándose en la práctica sexual extra matrimonial, aun con la excusa de que intentan saber si están capacitados para volver a amar o por temor a fallar en un nuevo matrimonio, deben arrepentirse y cambiar su estilo de vida.

En la última parte de su artículo, la doctora Carvalho escribe lo que hemos venido señalando a través del libro. Sin dudas, lo mejor es lograr el fortalecimiento del matrimonio a fin de evitar las separaciones, pero a veces estas son inevitables. De ahí sus valiosas sugerencias sobre qué hacer ante lo inevitable.

Sin duda estos consejos de la doctora Esly Regina Carvalho servirán de mucha ayuda a quienes están pasando o han pasado por la dura experiencia que ella pasó. Creo que incluir textualmente su artículo me ha permitido brindar pasos muy prácticos basados en su propia experiencia. Es evidente que el aporte de una mujer cristiana profesional, que ha experimentado el conflicto, nos abre los ojos a realidades que los cristianos y las congregaciones haríamos bien en tomar en cuenta para buscar la forma de ministrar a tantas personas con esta misma necesidad.

CONSIDERACIONES FINALES

Es difícil, pero no imposible, que una persona comprenda a alguien que se encuentra atravesando una situación de muchos conflictos cuando no ha experimentado lo mismo. Por la única razón que puedo comprender un poco a los que sufren el rechazo de un ser querido es porque he conocido a tantas personas y aconsejado a tantas parejas que me han contado sus conflictos, que de alguna manera me identifico con ellas.

Sin embargo, el relato de las experiencias de mis aconsejados no es suficiente y no puedo entender la realidad como la entiende alguien que ha vivido el proceso del divorcio. Por eso doy gracias a Dios que me dio el privilegio de conocer a una persona que tuvo que sufrirlo. Ella no solo vivió el dolor que implica una separación, sino que supo enfrentar con valentía y sabiduría todas las consecuencias producto de su propio divorcio. Una persona que además se ha preparado para poder ayudar a otros que vivirán esta misma experiencia. Se trata de una mujer que, y esto es lo más importante, ama a Dios. Sus consejos no solo salen de las experiencias que vivió, sino de cómo las superó. De ahí que tenga el llamado del Señor para brindar la ayuda que muchos necesitan. Sus enseñanzas me han servido de mucho, pues mi deseo es poder ayudar y dar guías claras a los que sufren.

El rechazo

En mi concepto, la ausencia de la guía necesaria para una mujer o un hombre rechazado, a menudo le ofrece la oportunidad de reaccionar en forma equivocada y hacer más difícil la restauración.

No cabe duda que solo los que han sentido el rechazo de un ser querido, especialmente el de un cónyuge, son los que conocen el dolor y la tristeza que esto provoca. Algunas parejas me han dicho: «Cuando esto ocurre, nada en la vida importa. No se encuentra ni siquiera consolación. El futuro se transforma en algo sin interés ni esperanza. Las emociones comienzan a cambiar tan rápidamente, que uno vive en un tiempo de angustia e incertidumbre».

He escuchado muchas palabras de los aconsejados que han descrito esta situación, pero tal vez las que más se repiten son tres: inseguridad, incertidumbre, pánico. Creo que estas son tres de las características más comunes de sentirse rechazado.

El divorcio es un rechazo que deja una marca mucho más profunda en la vida de una persona cuando una tercera persona se ha inmiscuido para romper el vínculo matrimonial. Ninguna experiencia humana puede comparase a la agonía de saber que alguien que juró devoción y amor hasta el fin de la vida, después se involucre en intimidad sexual con otra persona. Esa relación pecaminosa se convierte en una terrible competencia. Es muy doloroso darse cuenta que el cónyuge eligió otra persona. El dolor llega y no importa si la elegida es más joven y bonita, ni si descubre que le han cambiado por alguien que tiene una moralidad muy baja y apariencia muy despreciable. Creo que la muerte de un ser querido sería mucho más fácil de soportar, porque no involucra un rechazo, pues este destruye.

Los que han vivido estas experiencias y han llegado hasta mi consultorio, han tenido relatos que son verdaderamente impactantes. Saber que el cónyuge infiel está en los brazos de otra persona provoca una angustia constante.

Angustia y desesperación

Siempre recuerdo una experiencia traumática de mi juventud. Junto a mi hermano y algunos amigos fuimos a nadar en una laguna cerca de nuestra casa. En cuanto terminamos de almorzar, nos subimos a un árbol y nos tiramos un clavado en la laguna. El primero en hacerlo fue mi hermano que después de nadar hasta la mitad del camino que debíamos recorrer, empezó a sentir calambres y la consecuente desesperación. Poco a poco se iba ahogando y comenzó a gritar con gran angustia. Nos lanzamos al agua con otro amigo y llegamos a su lado solo para darnos cuenta que su exasperación no ayudaba en nada. Sentimos que sus manos comenzaban a aferrarse a nosotros con tanta desesperación, que todos podíamos perecer ahogados. El pánico y la impotencia lo llevaba a tratar de asirse a cualquier cosa y hacerlo con tanta fuerza y energía que podíamos ahogarnos todos.

Eso es exactamente lo mismo que ocurre con una persona que se está ahogando en su angustia y desesperación. He sido testigo de muchas personas que tratan de solucionar sus conflictos agarrándose a la primera persona que se acerca. Esto siempre empeora las cosas.

La noticia del rompimiento de una relación interpersonal tan importante como el matrimonio provoca algunas reacciones. Una de ellas es el sentimiento de incredulidad al que le siguen las lágrimas. Muchas veces las personas ruegan y suplican para que no las abandonen y otras tratan de obviar el conflicto para ver si con el paso del tiempo pueden encontrar solución.

Cuando todo esto tampoco da resultados, viene un tiempo de comerciar la situación. Muchas mujeres que sienten el rechazo de los hombres que iniciaron una nueva relación interpersonal viven temporadas en que reciben muchas promesas. Constantes promesas de cambio que nunca se cumplen. Sus maridos realizan continuas promesas que abandonarán a la otra mujer, pero no lo hacen.

En algunos casos la mujer opta por hacer repetidas sugerencias acerca de la necesidad de buscar asesoramiento. En diversas ocasiones uno de los cónyuges insiste en buscar ayuda, trata de negociar e incluso cede ante peticiones exageradas que rebajan su dignidad a fin de mantener al hombre en el hogar.

Algunos hombres, cuando ven que su esposa no soporta más la situación, intentan mantener a la esposa con amenazas. Otros incluso llegan a la violencia. Sin embargo, sin o con violencia, la hostilidad es terrible. La situación es tensionante y en la mezcla de desesperanza y frustración, a veces los cónyuges experimentan períodos de ira que les dejan emocionalmente exhaustos.

En ocasiones, a estos períodos de frustración y enojo le sigue un breve tiempo de resignación. Es precisamente en este tiempo en que la tristeza y el dolor abruman a la persona. Incluso, sienten deseos de dejarse llevar por la corriente. Finalmente, el ciclo que he descrito se repite de nuevo dejando a la persona en incertidumbre, inseguridad y pánico.

¿Qué haría Dios en mi lugar?

Muchas veces cuando doy una conferencia invito a las personas a que llenen un cuestionario o me escriban una carta contándome sus conflictos. De esas confesiones puedo sacar en claro algunas palabras que demuestran los pensamientos y sentimientos que experimentan los que navegan en aguas turbulentas.

Hoy recibí la llamada telefónica de una persona que asiste a los cursos para parejas que estoy realizando. Sus palabras una vez más golpearon mi corazón. Su relato fue más o menos el siguiente:

> Estoy desesperada, no sé qué hacer. Durante más de dos años

y medio mi esposo y yo hemos vivido realmente un calvario. He estado soportando todo este tiempo porque tengo tres hijos y porque no quería perder a mi esposo. Sin embargo, hace poco comprobé que mi esposo tenía una hija con otra mujer. La niña tiene un año. Hace prácticamente dos años y medio que empezaron nuestros problemas. En esa fecha, al parecer mi esposo había comenzado esta relación romántica con la otra mujer.

En los últimos seis meses, por lo menos dos fines de semana al mes, me ha golpeado duramente. Por lo general, me golpeaba el viernes y no regresaba hasta el lunes. Estoy segura, porque lo he comprobado, que esos fines de semana los pasaba con la otra mujer. Mis hijos le tienen terror y solo tenemos paz cuando él no está en casa.

Hace tres meses llegó un papel del abogado en el que me pide que firme un divorcio de mutuo consentimiento. Tengo pánico. No sé qué debo hacer. Por eso necesito que me ayude. Le he pedido a mi esposo que veamos a un consejero, le he suplicado que no destruya el matrimonio. Llevamos diez años de casados. He llorado, he suplicado, pero nada lo convence de que debe cambiar de actitud. Pastor, ¿podría ayudarme? ¿Podría decirme lo que debo hacer?

Al escuchar estas palabras no solo sentí compasión por esta joven mujer y sus hijos, sino que creo que si hubiera sido Dios, hubiera enviado un rayo que destruyera a aquel malvado. No podía quedarme impávido frente al dolor. ¿Debía decirle que soportara con resignación ese sufrimiento? ¿Debía aconsejarle que esperara un poco más y que mientras tanto en la congregación estaríamos orando por ella? Era notorio que la esperanza se había marchado. La autoestima de esta mujer estaba en el suelo. ¿Cómo es posible que un ser humano joven y racional esté dispuesto a aceptar tal abuso?

He notado que nada destruye más rápidamente una relación romántica que el intento de una persona de llorar y suplicar que su cónyuge no se aleje. Por lo general, esto provoca en la persona que intenta abandonar a su cónyuge un más grande deseo de romper aquel vínculo. A veces sienten algo de compasión, pero rara vez esto logra que la persona vuelva a restaurar su relación interpersonal.

En este caso, y después de dos meses de asesoría, el divorcio era un privilegio. El camino a la restauración se abría con una puerta que se llama divorcio. En contra de los deseos de esta mujer y a pesar de las lágrimas de los hijos y los esfuerzos del cónyuge inocente, el vínculo matrimonial se destruyó a tal punto que no existe restauración humana. Solo el arrepentimiento y el cambio absoluto de vida podría salvar ese matrimonio. Sin embargo, cuando el cónyuge culpable del pecado se resiste y niega toda posibilidad de volver a su familia, no solo se ha producido un abandono y un abuso, sino que el pecado de adulterio se agrega a las bases escriturales que permiten que se produzca el divorcio.

Si Dios permitía el divorcio en esta situación, ¿quién era yo para llamar inmundo a quien Dios limpió? ¿Quién era yo para seguir manteniendo en esclavitud a alguien cuyo vínculo matrimonial estaba en la práctica totalmente roto?

Estoy comprometido a proclamar lo que Dios dice y no intento agregar nada más a lo que se ha revelado en las Escrituras. No intento facilitarle el camino a quienes buscan el divorcio por incompatibilidad o porque no están dispuestos a vivir con sus diferencias. Mi corazón se llena de tristeza cuando algunos abusan de la gracia de Dios y eligen el divorcio sin ningún fundamento bíblico. Ellos solo buscan salidas rápidas y no respetan su compromiso con Dios y su cónyuge. No soy profeta, pero les aseguro una vida con muchas angustias porque Dios perdona todos nuestros pecados, pero no siempre elimina las consecuencias. Entiéndame, existe algo mucho peor que vivir con conflictos en el hogar y es vivir en desobediencia al Dios justo y Todopoderoso.

El Dios de nuestra gracia

¿Por qué alegrarse en medio de la tragedia del divorcio? Porque nuestro Dios es un Dios de gracia y amor. Así que me alegro por Magdalena que el pastor de una congregación la obligó a buscar a su ex marido del que hacía muchos años estaba separada. La obligaron a buscar a quien ya estaba casado y tenía hijos de otra mujer. Sin embargo, me duele que la hayan despreciado y manipulado por el legalismo de algunos líderes y que haya sentido el rechazo y la burla innecesaria de su ex marido.

Me alegro que al estudiar las Escrituras encontré una puerta a la restauración. Me alegra que haya seguido el proceso, se haya unido a una congregación y haya encontrado un esposo que la ama. No pude contener mis lágrimas cuando asistió a la congregación que pastoreaba y por primera vez desde que conoció el evangelio, cinco años atrás, podía participar de la Santa Cena. Al entregarle personalmente el pan y el vino, se cruzaron nuestras miradas. Estaba llena de alegría. Yo sabía que nuestro Dios de la gracia estaba feliz. Al entregarle los elementos de la eucaristía le dije:

«Magdalena, estos elementos representan el sacrificio que Jesucristo hizo por ti. Tú no merecías nada, Él lo hizo todo. El Dios de la gracia te acepta con gracia, ve y vive en la gracia».

Me alegro por Marta, mujer trabajadora y dedicada que después de años de sufrir castigo, desprecio y adulterio de su esposo, ahora sirve al Señor con alegría. Me alegra porque después de años de aprensión y dependencia, logró vencer sus temores con la ayuda del Señor. Encontró un trabajo para sostener a su familia y aunque la situación económica no es fácil, disfruta de paz a pesar de que permanece sola en el duro esfuerzo de criar a sus hijitos.

Me alegro por un gran amigo, hombre de integridad con grandes talentos que lo abandonó su esposa. Ella eligió un estilo de vida inmoral. Me alegro que hoy pueda cumplir el propósito divino para el matrimonio en esta nueva relación conyugal que disfruta. Me alegra porque está cumpliendo con felicidad el llamado divino de ministrar en una congregación en la que nos encontrábamos pastores que entendemos el concepto de la gracia. Me alegra que por su ministerio motivado por la gracia, muchos otros que han vivido situaciones similares a las de él, sean ministrados en una congregación que dispensa gracia.

Me alegro por Esly, quien vivió la experiencia traumática del divorcio, pero hoy está felizmente casada con un misionero, criando con sabiduría y en el temor del Señor a su hijita. Me alegra porque es una amorosa pareja y ambos se encuentran ministrando a tantas personas en necesidad.

Finalmente, me alegro en mi Dios que es capaz de restaurar las vidas más consumidas por el pecado humano, a quienes de una forma u otra han sido víctimas del divorcio. Me alegro en Aquel que condena el pecado y ama al pecador, en Aquel que dejó abierta una puerta de salida y que ha hecho una concesión a quienes sufren por el pecado humano. Mi llamado es a no perseverar en el pecado para que la gracia abunde, sino a perseverar en la gracia para que el pecado no abunde.

Printed in the USA
CPSIA information can be obtained
at www.ICGtesting.com
JSHW030050280524
63767JS00010B/113

9 780881 134964